Sartre e a estética

Sartre e a estética

ORGANIZAÇÃO
Marcelo S. Norberto
Fabio Caprio Leite de Castro

Editora PUC Rio
Nau Editora

Coleção Diálogos

© **Editora PUC-Rio**
Rua Marques de S. Vicente, 225, casa Editora PUC-Rio
Gávea – Rio de Janeiro – RJ – CEP 22451-900
Tel.: (21) 3527-1760/1838
www.editora.puc-rio.br | edpucrio@puc-rio.br

Coordenador e editor: Felipe Gomberg
Editora assistente: Livia Salles
Produtora editorial: Tatiana Helich Lopes

© **Numa Editora**
www.numaeditora.com
contato@numaeditora.com

Revisão de texto: Ana Cristina Gonçalves e Cristina da Costa Pereira
Projeto gráfico: Regina Ferraz
Editoração de miolo: SBNigri Artes e Textos Ltda.
Editoração de capa:: F/damatta Design

Dados Internacionais de Catalogação na Publicação (CIP)

Sartre e a estética / organização Marcelo S. Norberto, Fabio Caprio Leite de Castro. – Rio de Janeiro : Ed. PUC-Rio : Numa Ed., 2021.

204 p. ; 21 cm. – (Coleção Diálogos)

Inclui bibliografia
ISBN (PUC-Rio): 978-65-88831-51-9
ISBN (Numa): 978-65-87249-49-0

1. Sartre, Jean-Paul, 1905-1980. 2. Estética. I. Norberto, Marcelo S. II. Castro, Fabio Caprio Leite de. III. Série.

CDD: 194

Elaborado por Marcelo Cristovão da Cunha – CRB-7/6080
Divisão de Bibliotecas e Documentação – PUC-Rio

Sumário

Prefácio

Jean-Paul Sartre representou para as gerações que o sucederam uma possibilidade muito particular de reflexão sobre as obras de arte. Sendo ele um escritor e um filósofo, articulava, em seus textos, a linguagem com uma abordagem filosófica criativa. Não era nem um acadêmico pontificando a arte nem um artista teorizando sobre sua obra material. Tampouco submetia suas análises ao valor de mercado ou a adequações ideológicas de qualquer espécie. Tinha, inclusive, várias restrições à crítica profissional, a quem, com frequência, atribuía um mórbido sentimento digno dos cemitérios (Sartre, 2004: 24). Seu trabalho era, antes de tudo, um exercício crítico em torno dos acontecimentos de sua época, refletindo em seus ensaios, um esforço para confrontar a obra de arte com sua própria força e urgência, para, a partir dela, fazer florescer um pensamento sobre o contemporâneo.

Na famosa entrevista "Penser l'art", de 1978, poucos anos antes de sua morte, Sartre afirmou que poderia ter descrito a "ideia do belo" em uma "estética", a qual, no entanto, jamais escreveu (Sartre, 1981: 15). Essa expectativa é alimentada desde a seguinte passagem de *O imaginário*, de 1940: "Ainda que [o problema da obra de arte] dependa estreitamente da questão de *O imaginário*, é necessário, para tratar dele, escrever uma obra especial" (Sartre, 1940: 362). Não obstante, nessas mesmas páginas da conclusão do *Imaginário*, adicionadas posteriormente por Sartre à sua psicologia fenomenológica da imaginação, é possível encontrar as bases para uma orientação, pela via da imagem, sobre a estética (p. 361-373).

É verdade que Sartre não escreveu uma *teoria estética*, como sinaliza Michel Sicard (1989: 285), por razões a serem discutidas, tampouco um *Tratado de estética*, mas encontramos em sua obra um conjunto volumoso de textos que perpassam, tangenciam, investigam o problema estético. Encontramos essa tessitura por meio da escrita literária, da dramaturgia, da escrita de roteiros, da teoria literária do engajamento, da teoria do teatro de situações, das críticas de arte e das biografias.

Há várias formas possíveis de se classificar e abordar esse conjunto de textos que envolvem a estética na obra de Sartre. Como sinaliza Nathalie Monnin no último capítulo de seu livro *Sartre*, podemos distinguir na estética sartriana dois tipos de escritos sobre a arte: de um lado, aqueles em que Sartre abordou o estatuto ontológico da obra de arte (enquanto imagem) e, de outro, aqueles que estabelecem um retrato de um artista ou que analisam uma obra, um gênero, ou, ainda, as entrevistas em que ele apresenta seu próprio gosto (Monnin, 2008: 260-261).

O livro que o leitor tem agora em mãos é o segundo volume da Série Sartriana, no qual foram reunidas seis contribuições sobre *Sartre e a estética*, sem concessões, testemunhando a atualidade do pensamento sartriano em diversos temas nos campos da imaginação, da ontologia, da dramaturgia e da arte. O questionamento sobre a arte e sobre o artista em seu ofício, naquilo que ele é capaz de criar e expressar sobre si mesmo e sua época, dirigindo-se por meio de sua própria liberdade à liberdade daqueles que entram em contato com a obra, pode guiar-nos em uma reflexão sobre a estética de nosso tempo, seus triunfos técnicos e suas misérias.

Se é verdade que temos de estar atentos à estetização da política, em uma época que cede aos influxos da virtualidade serial e à quase onipresença hegemônica da tela (televisão, cinema, computador, smartphones), também ocorre que a arte pode configurar-se na generosidade do artista e, assim, contribuir para a abertura de espaços de resistência e transformação da sociedade. Com esse espírito, encontra-se na presente obra o potencial reflexivo que o pensamento estético de Sartre é capaz de acionar em nosso tempo e suas mazelas morais, provocando-o por meio da abertura que emerge da ação, da atitude criativa.

Os organizadores

Referências

MONNIN, Nathalie. *Sartre*. Paris: Les Belles Lettres, 2008.

SARTRE, Jean-Paul. *O que é a literatura?* Tradução de Carlos Felipe Moisés. São Paulo: Ática, 2004.

______. "Penser l'art". *Obliques – Sartre et les arts*, entrevista com Michel Sicard, nº 24-25, 1981.

______. *L'Imaginaire – Psychologie phénoménologique de l'imagination*. Paris: Gallimard, 1940.

SICARD, Michel. *Essais sur Sartre – Entretiens avec Sartre (1975–1979)*. Paris: Galilée, 1989.

A coragem de Electra: um teatro sartriano

Marcelo S. Norberto

Para Álvaro Salmito

Já foi dito que o pensamento se assemelha a um caminho. Não podendo mais propor respostas às perguntas que afligem o homem há milênios, o pensamento tenta se refugiar na última morada do ser: a arte. Mas a arte zomba da filosofia e de seu desejo de grandeza. Um simples verso de um poema é capaz de conter toda a dor da existência e, no entanto, não pode ser explicado nem debatido. A filosofia é repelida, novamente, para a crueza de um mundo ambíguo.

Neste sentido, a filosofia é o caminho enquanto interdição, um transitar no mundo sem, no entanto, poder tomá-lo para si. E, todavia, é preciso caminhar, seguir. Assim, o esforço do pensamento é, e só pode ser, o de encontrar uma forma rigorosa de propor uma pergunta, sem a apoteose de uma decifração. Impossibilidade de resposta, falência da plenitude, inviabilidade do universal. Mera constatação sobre o exercício filosófico, cuja presumível resistência encontra réplica nas duras palavras de Rimbaud: "*nargue aux inconscientes, qui ergotent sur ce qu'ils ignorent tout à fait!*" (Rimbaud, 2009: 340). Este jogo sem fim entre a efetividade da ação e a contingência da existência – outro modo de expor a absurdidade da vida –, entre a interpelação requerida pelo pensamento e a ameaça que toda resposta comporta em si – outra forma de descrever a fragilidade da reflexão – constitui-se o desafio a ser enfrentado pela filosofia.

Essa tensão não só está presente na obra sartriana, como Sartre a toma como a única questão de partida digna do exercício filosófico, distinguindo o existencialismo de uma metafísica. Desde seus primeiros escritos até a monumental obra sobre Flaubert, todo o trabalho parte de uma insistência em lidar com uma matéria que não é apta à resolução. Há uma positividade inquestionável nos arranjos humanos (sua concretude) que não pode ser reduzida a uma objetividade processual (sua negatividade). É em torno dessa fenda primordial, desse embate entre naturezas inconciliáveis, contudo autopenetrantes, que a investigação filosófica parte e, de certo modo, se vê definida em sua efetivação. Esse impasse no qual a filosofia orbita está presente em Sartre desde, por exemplo, a definição ontológica do homem como *para-si*, nesta nomenclatura extravagante capaz de referir-se a um movimento de circunscrição ineficiente que, no entanto, faz cintilar o sentido no mundo. Ou ainda, no dilema político presente no projeto de *O idiota da família* (1971/1972), sem o qual a biografia de Flaubert não passaria de um exercício de erudição burguesa. Posto sem rodeios, Sartre nomeia a força e a armadilha da tarefa do pensar da seguinte maneira: "*Mais c'est là le problème pratique – que je n'ai d'ailleurs pas encore bien résolu: comment se faire comprendre d'un public populaire en allant jusqu'au bout d'une idée*" (Sartre, 1976: 115).

O teatro surge para Sartre como expressão desse embate que forja o pensamento. É no reconhecimento de uma religiosidade intrínseca à dramaturgia (Sartre, 1992: 64) que o jovem pensador francês investirá em uma saída teatral para a conclamação das pessoas em torno de suas responsabilidades, recurso imposto pela inexistência de um valor supremo à vida. A religiosidade, quando retomada fora de sua conotação teológica e refletida pelo ateísmo sartriano, aponta para o jogo entre o humano e o sentimento de comunidade, para essa paridade irresoluta que permeia todos os negócios humanos. É no intermédio entre a *falta que é o homem* e seu *desejo de ser*, definição precisa e aforística oferecida por Castro à Ontologia Fenomenológica (Castro, 2016: 140), que as relações humanas são passíveis de um sentimento de congraçamento, que nada tem a ver com Deus ou Natureza, mas vividamente com o identificar no outro a possibilidade de ser e, ao mesmo tempo, a inviabilidade de comunhão. Em *A república do silêncio* (1945), Sartre fala desse tempo efêmero e, por causa disso, intenso, no qual os franceses teciam, entre as lacunas deixadas pela Ocupação nazista, um espaço efetivamente coletivo, uma promessa de uma "república sem instituições, sem exército, sem polícia" (Sartre, 1971: 14). Pertencimento germinado na violenta seara da realidade.

O teatro apresenta-se como palco para exposição, reflexão e posterior engajamento do homem nesse fenômeno coletivo que surge da tensão entre cultura e existência. Longe da cooptação do indivíduo a uma causa, o que Sartre vislumbra na dramaturgia é a possibilidade de um reconhecimento duplo: do indivíduo no coletivo e no indivíduo do coletivo. Steiner designou esse estratagema sartriano de "um regresso disciplinado ao vazio" (Steiner, 2009: 199), pois, livre de pendências ou determinismos, faz o homem se deparar com sua realidade plural e ambígua. Essa questão sempre esteve presente no pensamento sartriano, desde a ideia de solidariedade descrita em *O ser e o nada* (Sartre, 2012 [1943]: 317-318), passando pela exigência de uma empatia em *O idiota da família* (Sartre, 2013: 8), até na polêmica noção de fraternidade em *A esperança agora* (Sartre, 1991 [1980]: 53).

Se o teatro não é a dissolução do particular no todo, mas convite para o empenho individual em um espaço público, a dramaturgia também não pode ser confundida com um recurso facilitador desse dilema existencial. Não é nem um rascunho ilustrado de um pensamento das alturas e, portanto, inacessível em sua profundidade, nem uma astuta sedução que apela aos sentimentos básicos para recrutar incautos ao embate violento da realidade. Despido de equívocos reducionistas, o teatro sartriano se coloca como a forma apta a fomentar e – isso é decisivo – reter as tensões entre pensamento e seu caráter civilizatório por um lado e, por outro, as pulsões irrefreadas da existência. Dito de outro modo, é no teatro que Sartre encontrará um ambiente de engajamento e de uma propensão revolucionária, não em nome de uma causa, mas dentro de uma perspectiva de uma humanidade. Assim, é possível verter para o teatro a definição dada por Sartre à literatura e nos defrontarmos com o mundo requerido pelo autor: "*Si la littérature n'est pas tout, elle ne vaut pas une heure de peine. C'est cela que je veux dire par 'engagement'*" (Chapsal, 1984: 111).

Esse compromisso ontológico presente no teatro, bem como na literatura, justifica a centralidade da dramaturgia no pensamento sartriano. Em poucas obras haverá uma conjunção tão crítica entre a situação histórica, a expressão de uma cultura e a exigência de uma comunidade como em *As moscas* (1943).[1] Essa peça encarna aquilo que Steiner considerou como o ápice da expressão artística, na rara captação da "totalidade de mundo histórico e fenomênico" (Steiner, 2007: 48-49). Na peça, Sartre se dirige à degeneração da sociedade francesa sob a Ocupação alemã, ao Regime de Vichy e à Resistência; à demanda de uma geração instituída entreguerras, cujo ponto de inflexão era a ausência de valores norteadores; e, por fim, a um inesperado e insistente desejo de um estado vindouro.[2] Enfim, trata-se de uma obra necessária.[3]

Para que se possa ler esta obra em sua integralidade, ou seja, em sua força criadora, é preciso resistir à tentação de ver nela um mero receptáculo da tradição filosófica. Não que ela não sofra e se utilize dos contágios transgeracionais da história da filosofia. Não se trata de negar esta evidência. Nem mesmo de reivindicar para a peça o caráter duvidoso de uma dramaturgia atemporal. Afinal, estar além ou aquém de seu tempo se equivalem no fracasso de responder sua época, exigência primeira para Sartre. Mas sim em deixar reverberar os jogos internos produzidos pela dramaturgia, evidenciando as noções produzidas pelas situações descritas e, certamente mais relevantes, trazendo à tona o pensamento tecido em contemporaneidade com a forma teatral.

Neste sentido, toda uma discussão em torno de uma herança nietzschiana, de Louette e sua importante análise sobre as peças sartrianas, à persistência em atribuir ao texto uma recepção da filosófica nietzschiana, como defendida por Marie-Gabrielle Nancey-Quentin de Gromard (2017: 36), que chega ao exagero de falar de um "intertexto nietzschiano", opera em um registro diverso desta presente reflexão. O empenho deste ensaio é de dar forma ao problema traçado por Sartre na obra, na tentativa de se fazer ver a novidade exibida na trama dos argivos, digo, franceses. Em última análise, é repetir os passos reclamados por Daniel Arasse em sua ponderação sobre Tintoretto: deixar-se impressionar pelo "brilho da obra" (Arasse, 2019: 7). E, assim, correr os riscos de tal opção.

Como toda arte traz consigo um pensamento, não anterior e diretivo, mas concebido em consonância com a obra

– ao menos é esse pensamento que importa e nos comove –, há que se observar duas grandes linhas mestras que se estruturam no texto. Elas não orientam o enredo nem funcionam como uma salvaguarda teórica para um possível fracasso artístico. Ao contrário, elas são concebidas pela própria história proposta pelo autor e são visíveis no texto, tal qual o corpo do ator suporta sua encenação. É de uma natureza tanto estrutural quanto efêmera. Estrutural, graças a sua simultaneidade com a obra, e efêmera pois somente dela toma a força plástica. Trata-se, neste caso, das noções de engajamento e situação.

Um leitor mais afeito ao existencialismo poderia questionar tal natureza sob a argumentação de que tais construções teóricas subsistem à peça, e não estaria de todo errado. Aqui, a questão fundamental será compreender a distinção entre conceito e noção (Sartre, 1976: 95-96). Enquanto o conceito estrutura-se a partir de uma exterioridade, vinculando-se a um aspecto atemporal e, portanto, tornando-se afeito à ciência (projeção teórica que comporta uma veridicidade), a noção atua internamente, tendo sua organização teórica atraída pelo objeto que encarna sua realização. A noção exige todo um artesanato do pensamento, uma constituição intensiva no espaço de atribuição, seja ele um tratado, um ensaio ou uma peça teatral. Há, na noção, um caráter singular em seu modo de apresentação, que fará com que Sartre diga que no estudo do homem e de sua história, "*vous ne pouvez procéder que par notions*" (Sartre, 1976: 95-96). Logo, não há que se falar em anterioridade nem em sobrevivência de uma noção – recurso reclamado por Sartre para sua obra –, mas na sua efetivação em determinado trabalho. Desse modo, é da noção de engajamento e de situação, presente em *As moscas*, que terão que se a ver Orestes, Electra, Egisto e Clitemnestra e, consequentemente, seu leitor ou espectador.

Se tomarmos a peça por um viés realista, o engajamento emerge em vários momentos da trama, desde quando Electra desafia Egisto com sua dança na cerimônia de culto aos mortos até no assassinato de Clitemnestra pelos seus dois filhos. Porém, em termos dramatúrgicos, toda a peça, enquanto unidade cênica, é uma expressão do engajamento, tendo seu início no momento em que Orestes resolve assumir sua história e seu desfecho no discurso final do filho de Agamêmnon. O arco dramático da peça está a serviço da explicitação desse engajamento. O engajamento, para Sartre, não se limita ao fato de que, quando falamos, no simples exercício de nomeação das coisas, constitui-se uma realidade única no mundo, antes inexistente. Trata-se também de uma exigência capital: o reconhecimento da necessidade de um empenho, de um comprometimento na compreensão do mundo, de um mostrar a si e aos outros as significações da vida, de um "ver" e "ser" no mundo.

A primeira dimensão é aquela inerente à linguagem discursiva. Quando se diz algo, há um comprometimento com o que é dito, em detrimento ao que não é dito. É a constatação de que não há na linguagem uma abordagem imparcial, capaz de abarcar a totalidade de um objeto ou de uma experiência. Comprometimento por adesão. A segunda dimensão diz respeito à atividade do agente. Se ao falar (ou agir) sempre algo é posto de novo, é imperioso que o agente queira dizer algo:[4] que haja em seu movimento um destino almejado, mesmo que este, por sua natureza futura, não seja garantido. Comprometimento por ação.

Enfim, há uma dupla constituição no engajamento: uma ordem criativa e outra participativa, fazendo com que o engajamento seja menos uma doutrina (uma prévia orientação) e mais uma realização (um requisito ontológico do agir). Dessa forma, engajar é um ato de recusa à ilusão de um pensamento puro ou à determinação metafísica. Resumidamente, se empenhar em uma ação é, antes de tudo, assumir a responsabilidade de fornecer resposta ao que o mundo lhe apresenta.

A noção de engajamento em *As moscas* traz consigo outra noção, sem a qual não é possível compreender o movimento proposto por Sartre na peça: o de situação. A noção de situação aponta para uma exigência fenomênica da existência. Cada ser humano está *em relação*, seja com o mundo, seja com os outros, seja consigo mesmo. A noção de situação não permite um recuo perante a existência. Nesse sentido, o ser em situação impõe uma dimensão existencial ao exercício da liberdade, afastando-a de vez de qualquer apreensão solipsista ou idealista. Orestes não age apesar de sua história e graças à liberdade, mas ele age livremente justamente por tomar a história como sua. Haverá, se não um espelhamento, ao menos uma evocação, na história de Orestes, da história francesa atual. Isto porque resta, na ideia de situação, um conduzir para a realidade, para um ponto de partida irrevogável do qual a ação se desenrola.

A noção de situação, contudo, não indica nem uma rejeição nem uma sujeição à realidade; ela aponta para um reconhecimento: há um solo sobre o qual o homem se encontra e do qual parte. O reverso constitutivo desse entendimento acha-se na inexistência de um privilégio histórico. Tanto para o existir quanto para o agir, não há momento propício; a cada momento, em cada circunstância histórica vivida, é preciso responder às demandas manifestas. É através do reconhecimento da situação existente, e não em nome de uma época vindoura ou de um passado exigente, que o homem age livremente. A partir da noção de situação, é possível contemplar no existencialismo a radicalização do papel positivo da resistência,[5] já destacado por Kant como a força motriz do entendimento[6] em sua filosofia.

O entrelaçamento das noções de engajamento e de situação produz um direcionamento para a singularidade. Dessa forma, a dramaturgia presente em *As moscas* deve ser entendida como um recurso extemporâneo, em um ímpeto tipicamente nietzschiano.[7] Há um distanciamento do fato real, inerente a toda arte, que não se confundirá com uma fuga ou uma alienação. É por um distanciamento alegórico que haverá um aprofundamento na singularidade vivenciada. O teatro sartriano é marcado por essa capacidade metafórica de abrigar em seu drama a tensão dos opostos, essa necessária aptidão imaginativa de avistar novos horizontes e do reconhecimento imperativo do estado de coisas estabelecido. Há uma coordenação, em uma também clara inspiração fenomenológica, do vivido historicamente com a reflexão crítico-filosófica.

Sartre denominará de acontecimento, em oposição a um mero fato, o campo em que a história e a liberdade humana realizam seu enlace singular. O acontecimento encarna a exigência de um pensamento que almeja tratar da existência, sem um aprofundamento desmesurado na mediação conceitual, efetuando uma luta contra a abstração. É o que permite, por exemplo, Blanchot (1971: 74) ver nas moscas "uma forma de redução homeopática das Fúrias"[8] e expor todo um cenário em que o passado oprime o presente. A realidade não é mais tida como uma particularidade a ser incorporada por uma instância superior. Ao contrário, cada acontecimento possui uma força transformadora e um caráter único que devem ser compreendidos e explicitados em sua singularidade.[9] Este é o destino sartriano presente em seu teatro de situações: a força da singularidade que exige uma resposta à história ali encarnada.

Isso nos permite retornar ao recurso do mito, utilizado por Sartre na peça de 1943. Ao contar uma história conhecida, Sartre faz com que o sentido de *As moscas* ganhe relevo dramático por contraste. Como em uma descrição fenomenológica, há uma recusa de uma apreensão imediata, por meio de uma suspensão (o caráter mitológico interdita uma assimilação realista), para que o mundo (existência histórica) floresça aos olhos dos espectadores[10] – habitual prática sartriana contra o ideário naturalista.

De certa forma, a trama incorpora o mecanismo no qual a artificialidade deflagra o sentido perdido pelo cotidiano. Sua educação o tornou um homem equilibrado, distante do turbilhão das paixões, um velho de pouca idade. "Livre de espírito", Orestes é tão prudente, "tão razoável" (Sartre, 2005: 15-16), que parece pairar sobre os homens e suas mazelas. Orestes, criado longe de sua irmã Electra e de sua história trágica, é então capaz de ver para além da dor e da culpa que cegam a população de Argos. É nesse vazio existencial, no qual se encontra esse homem irreal, que surgirá a possibilidade de ruptura da estagnação.

Orestes chegará à cidade natal, acompanhado por seu tutor, ironicamente denominado por Sartre de Pedagogo,[11] exatamente no dia de comemorações aos mortos. Ele se depara com uma cidade tomada por moscas carnívoras atraídas pelo "forte cheiro de cadáver" (Sartre, 2005: 7) que infestou o local desde a morte do rei (uma clara referência à rendição passiva dos franceses perante a ofensiva alemã). Essa falta de postura dos argivos, esse acolhimento reiterado do arrependimento, a ponto de os moradores recorrerem ao preto como a roupa de Argos, será o contraponto para a tomada de posição de Orestes no final da peça. Neste sentido, é preciso compreender bem a natureza dessa paralisia que indicará, por oposição, a condição da liberdade para Sartre.

As moscas não versa nem sobre o comodismo nem sobre o hábito arraigado que, supostamente, arrefecem as vontades e tolhem as ações. Identificar na acomodação e no costume o bloqueio para o agir seria atribuir à ação um caráter claramente voluntarista. Seria ignorar tanto a disposição prévia em que o homem se encontra (*situação*) quanto a propensão ontológica de empenho humano a partir de seu lançar no mundo (*engajamento*). A subordinação da ação ou, no caso, da inação, ao estado de coisas existente também minaria a própria noção de acontecimento, tornando débil todo esforço de compreensão da realidade em sua manifestação existencial, ou seja, a partir de sua singularidade. Trata-se de uma trama que parte do sentimento de remorso, de uma censura por um ato não praticado (a aceitação do assassinato do rei Agamêmnon e da usurpação do trono) e termina com a realização de um ato livre (Orestes liberando o seu povo da culpa). O que ocorre entre o remorso e o fim da culpa é a liberdade.

É assim que, ao rever a irmã na condição de escrava, Orestes se depara com o peso de sua história. Mas essa história lhe é apresentada apenas como contingência de um destino longínquo. Pode abraçá-la, tomando-a como sua, ou ignorá-la e permanecer em sua solidão plena. O inesperado é que o dilema ganha corpo por intermédio da personagem de Electra. É ela, curiosamente enquanto cativa do usurpador Egisto, que expõe o estado de miséria existencial de Orestes e lhe concede um presente (em seu duplo sentido). Até então,

Orestes achava-se tão paralisado quanto seus conterrâneos de Argos.

Há um grau de tranquilidade que acompanha o peso do arrependimento: é um vazio que produz um imobilismo quando o engajamento é silenciado e a situação em que se vive é desqualificada de sua força e vividez. Conjugação que não pode ser descrita com rigor na vida real, pois há um caráter ontológico no empenho humano e uma irrevogável circunscrição histórica em cada experiência humana. Contudo, em uma dramaturgia, tais componentes podem ser destacados e separados para melhor apreensão do leitor ou espectador. E, assim, pode-se perceber que esse vazio existencial nada mais é do que uma aversão à dimensão ética da existência, uma desconsideração moral[12] com a própria condição humana, com a liberdade *que eu sou* (uma falta não com o antigo rei ou com a cidade, mas consigo próprio). Trata-se, de fato, de um despovoamento de si e será assim que Sartre colocará o problema:

> Em certo sentido, cada situação é uma ratoeira, muros por todos os lados: exprimo-me mal, não existe saída para escolher. Uma saída, isso se inventa. E cada um, ao inventar sua própria saída, inventa-se a si mesmo. O homem tem que ser inventado todos os dias (...). É desejável que a literatura inteira torne-se moral e problemática, como este novo teatro (Sartre, 1992: 290).

Ao recorrer ao mais trágico mito da Antiguidade, a linhagem de Atreu, Sartre faz com que o destino aponte para a liberdade. Mito que marca a passagem da justiça divina (vingança dos deuses) para a justiça humana (instauração de um tribunal), em *As moscas*, esse componente humano estará presente na passagem em que Júpiter avisa Egisto sobre o risco que Orestes representa: "uma vez que a liberdade explodiu na alma de um homem, os deuses nada podem contra ele" (Sartre, 1992: 290). Se o destino, em Sartre, leva à liberdade, ontologicamente, a situação reclama o engajamento. Com isso, em um só movimento, a fatalidade, típica das tragédias, é eclipsada pela abertura que a liberdade produz. Este é o sentido apontado por Cardim ao recorrer à potente ideia de uma "forja do mito" em *As moscas* (Cardim, 2017: 168).

Este ato libertador efetiva-se em um duplo assassinato: do rei usurpador Egisto e de sua mãe Clitemnestra. Não há dúvida quanto à intenção de Orestes com o ato: "pouco me importa a felicidade. Quero minhas lembranças, meu solo, meu lugar entre os homens de Argos" (Sartre, 2005: 58). Em suma, a liberdade. Liberdade que parte de uma situação e que se expressa em um engajamento, sem que, contudo, possa ser tomada como acessória a uma situação ou condicionada a um empenho. O que Sartre apresenta literariamente em *As moscas* é a constituição de si como um processo de relação com o mundo. Não por outro motivo, vemos na peça a admissão de uma situação exigir, e não negar, um engajamento: "o que o teatro pode mostrar de mais emocionante é um caráter se fazendo, o momento da escolha, a decisão livre que engaja toda uma vida" (Sartre, 1992: 20). Decisão livre que em nada se assemelha a um livre-arbítrio. Enfim, não é uma escolha entre possíveis ou mesmo uma típica deliberação em curso, mas a construção de uma existência, de um extremo ao outro, a partir de uma configuração histórica posta, que não a condiciona, mas a reclama.

Se Orestes personifica a realização do engajamento e expressa em seu caminhar a reluzente liberdade,[13] não se pode perder de vista que, no existencialismo, a liberdade não é nem uma natureza (passível de realização ou não) nem um atributo (passível de conquista ou não), mas um processo, um se fazer livre, um constituir-se indefinidamente. Assim o é, a ponto de Sartre aproximar o nascimento da morte, tomando os dois acontecimentos como limites do existir e ontologicamente equivalentes, enquanto exterioridades transformadoras.[14] Ou seja, menos importa uma obtenção da liberdade – que, de fato, inexiste – e mais relevante será um olhar sobre a instituição de um existir livre, sobre a formação de um *projeto de ser*.

Em vista deste processo, há que se observar uma personagem que atua decisivamente no *projeto de ser* de Orestes e, com ele, simbolizam na peça a constituição de um ser humano engajado. Refiro-me a Electra. Controversa já na dramaturgia grega,[15] a primeira impressão que se tem é que Electra participa em *As moscas* exclusivamente como representante da má-fé. E não sem razão. Irmã de Orestes, Electra foi escravizada por Egisto após a morte de seu pai, o rei Agamêmnon.[16] Humilhada, ela aguarda o retorno do seu irmão para executar sua vingança. Electra transfere ao outro seu destino; não age, aguarda. Diz ao jovem forasteiro, sem saber que ele era o seu irmão: "escuta; eu espero alguma coisa" (Sartre, 2005: 24). Em vez de assumir as rédeas de sua liberdade e escolher um caminho como seu, Electra prefere manter seu presente controlado; doloroso, mas previsível. Atribuindo aos outros e a um futuro salvador a responsabilidade da correção dos erros cometidos contra ela, Electra tenta escapar do engajamento que sua situação demanda. A humilhação de ser escrava é preferível à contingência da vida. Enquanto isso, Electra espera o dia em que "a paixão vai te arder até os ossos" em uma fúria sem controle e, então, supostamente, a vingança se consumará (Sartre, 2005: 29).

Mas essa espera é enganosa. Em realidade, Electra cria uma finalidade a ser aguardada, tal qual uma expectativa que não espera ser cumprida. Ao se aprisionar em um momento terrível, o da escravidão consentida, porém presumível e ironicamente segura, ela resiste à liberdade. Há nessa elaboração sartriana uma crítica à metafísica. Para o existencialismo, conceitos como o mundo das ideias, razão compartilhada ou projeção de uma paz perpétua, por exemplo, oferecem, por meio do recurso ao universal, uma promessa de redenção. Essa redenção visa a esmaecer o peso do engajamento e da historicidade da situação. A destacar, dois efeitos nefastos na constituição de si desse procedimento metafísico: a busca por uma identidade, que confere uma falsa estabilidade aos negócios humanos, fornecendo uma garantia por meio de uma lógica moral (ser você mesmo é corresponder a valores externos a você); e uma operação por representação, que apazigua a indeterminação da vida no conforto de uma violenta intimidade subjetiva, de uma autorreferência que elide as vicissitudes do mundo (na forma de *eu sou o mundo*).

Electra, deste modo, corresponde a uma típica atitude de má-fé. Realiza condutas de fuga de sua liberdade tanto quanto aquela senhora na peça, que justifica a Júpiter nada ter feito contra Egisto, argumentando que seu homem estava no campo: "o que poderia eu fazer? Tranquei a porta" (Sartre, 2005: 10). Há no processo de má-fé uma tentativa de cristalização da vida, com vistas a uma proteção do homem da absurdidade do mundo.

Contudo, o notável na dramaturgia sartriana é que a personagem de Electra não se mostra, como era de se esperar, previsível e coerente. Electra nos surpreende com mudanças de atitude. Do mesmo modo que sua presença encoraja

Orestes a assumir sua história, o irmão também a retira do sono existencial em que se encontrava e a faz tentar mudar o rumo, não só de sua vida, mas de todos em Argos. Electra dará uma resposta à situação. É preciso perceber neste movimento um jogo dialético, não dos personagens, mas, através dos personagens. Não há como desassociar o empenho de Orestes das próprias escolhas de Electra, das afirmativas e das evasivas. A liberdade na peça culmina em um acontecimento, graças à articulação de Orestes e Electra.

Se Orestes é solar e, por isso, suas atitudes ascendem aos nossos olhos com facilidade, um olhar mais cuidadoso ao percurso de Electra nos faz perceber a outra face da condição humana. Durante a cerimônia de remoção da pedra que fecha a caverna dos mortos, Electra surge em meio ao povo e sob olhares raivosos de Egisto. Portando "seu vestido mais belo para um dia de festa", ela dança e festeja a vida sob um espesso arrependimento que domina a cena (Sartre, 2005: 47). Há, então, uma adesão momentânea da população à leveza oferecida por Electra. Há, em seguida, um princípio de rebelião contra a prisão em que todos vivem. Tem-se a impressão de que Electra conseguirá contagiar o povo com sua alegria, transformando a dor em celebração. Mas Júpiter intervém e, com o deslocamento ruidoso da pedra, silencia todos, inclusive Electra. Sartre expõe com a cena a fragilidade e a fugacidade das tomadas de posição alicerçadas na catarse e no voluntarismo. A falta de comprometimento, de responsabilidade em seu sentido mais ético, inviabiliza a ação livre. É preciso se comprometer por inteiro, ou seja, responder a um acontecimento e arcar com a responsabilidade do ato para que a mudança ocorra. Agir é se engajar e, portanto, a ação sartriana se difere de um mero gesto de rebelião.

Electra, apesar da fragilidade de suas convicções, logo após ter sido retirada da cerimônia, consegue ainda reunir forças para impetrar outra tentativa de abraçar a sua liberdade. Ela aceita ajudar o irmão a matar os usurpadores do trono de seu pai. Todavia, mais uma vez, o engajamento é interrompido. Após o assassinato de Egisto e Clitemnestra, Electra passa a sentir um grande remorso pela sua atitude e sua força de ação declina. Ao ver Egisto morto e sentir o peso de sua ação, deseja retomar a vida antes da aventura. Seu remorso surge ao perceber que seus inimigos estão mortos e sua vida é outra a partir da escolha realizada. Electra vivencia a responsabilidade dos que agem: nada a obrigava a agir daquele modo; o mundo foi modificado com sua postura e a escolha foi unicamente sua.[17]

A crise de Electra adquirirá contornos mais pungentes quando os dois irmãos fugirem para o templo de Apolo e forem perseguidos pelas Erínias e por Júpiter. Os deuses querem a assunção da culpa e, assim, o afastamento da liberdade humana. Mesmo advertido por Orestes, Electra começa a ceder aos encantos das Erínias. Ao não suportar o peso deste *nascimento* –, afinal, quando o homem age, ele se reinventa, concebe um outro iniciar –, Electra aceita a oferta de Júpiter: o perdão em troca da aceitação do arrependimento.

Electra é uma personagem em má-fé. Mas não é só isso. A irmã de Orestes também é aquela que rompe com o estabelecido, com o efetivo, com o imposto. Há em Electra uma tensão dramática que expressa sua complexidade em termos filosóficos. Ela afronta o poder, mas também se subjuga aos deuses; mobiliza Orestes para assumir sua história, mas também o culpa pelo crime. Qual é o real papel de Electra no enredo de Sartre? Certamente não o assertivo, este reservado a Orestes. Mas, tampouco, o do polo negativo da liberdade engajada. Electra representa, a meu ver, a dimensão de ambiguidade presente na condição humana. Ela está entre o puro ato livre e a perdição tentadora da consumação objetal.

A personagem de Electra encarna a habilidade ontológica de a consciência transitar entre o ser e o não ser. Trata-se do caráter de reinação presente no sujeito, que se lança em direção ao mundo e dele nada é capaz de assimilar, a não ser um sentido alicerçado nessa interdição. Este é o "verdadeiro drama" (Norberto, 2017: 97) que Electra nos apresenta sob sua vivência errante: "não mais na totalidade do ser humano, mas a partir deste núcleo instantâneo do ser" (Sartre, 2012: 118), entre a liberdade assumida e seu reverso assentido da má-fé.

Esse traço ficcional que emerge da ambiguidade humana – afinal, não se trata de um recurso a ser utilizado, mas o modo de ser do *para-si* –, é explicitado na peça pela coragem de Electra. Se Orestes é filho da ação, sua gestação é realizada pela coragem de sua irmã. O tema da coragem, apesar de não ser explícito na peça, permeia a trama de *As moscas*. Em 1948, Sartre nomeia esta questão ao dizer o propósito de sua peça: "reerguer o povo francês, lhes dar coragem" (Sartre, 1992: 275). Longe de uma militância *stricto sensu*, a peça, por meio do sentimento de coragem, e não unicamente de ação, visa a ofertar uma conclamação à emancipação ao homem francês. Para romper com o remorso, vigente em Argos e na França, é preciso coragem para desvencilhar-se do passado e dirigir-se a um presente porvir.

Essa coragem, como pode ser percebido, não é do âmbito da vontade, mas da imaginação. A dimensão imaginativa da coragem tem a ver tanto com a presentificação de um futuro quanto com o exercício da liberdade por meio do engajamento em uma situação vivida. Assim, Sartre deseja mostrar aos homens de seu tempo a força transformadora de suas ações.[18]

Contra uma natureza deliberativa da ação – um *bastar querer* para se configurar uma ação livre –, Sartre surpreende ao propor uma aliança entre o existir e o imaginar. Com essa interpretação da ontologia humana, Sartre supera o parâmetro teleológico da metafísica para fundamentar sua fenomenologia na indeterminação, tanto humana quanto existencial. É só na recusa de uma restauração presente na ideia de progresso e de universalidade, que orientaram a filosofia moderna, que uma justa transformação se torna possível. E a relação de Electra com Orestes em *As moscas* diz sobre essa condição.

A coragem é uma reinação sem razão de ser sobre a contingência da vida. É o salto possível (e, paradoxalmente, exigido) do homem em relação ao seu tempo, aos seus contemporâneos e a si mesmo. Dessa forma, o ser humano pode ultrapassar as amarras do arrependimento e da culpa e, com valentia, transpor a servidão tranquilizadora presente nas opressões sofridas por todos. Um ato corajoso nada mais é do que a assunção do risco da existência, pouco importando sua duração ou ainda sua eficiência. Ao trazer a coragem por intermédio de Electra, em conjunção com a ação em Orestes, Sartre transmuta definitivamente o objeto clássico da tragédia de uma *fatalidade* em uma *liberdade planetária*. Falar do destino não será mais discorrer sobre determinações, mas sim se avir com as demandas surgidas a partir de um solo de historicidade, tendo como centro gravitacional a comunidade humana. Afinal, não se pode ser livre solitariamente. Completa-se a volta existencial proposta por Sartre em *As moscas*.

Tida como caso exemplar de má-fé, Electra ultrapassa o mero representar das condutas de fuga e se apresenta como decisiva para a compreensão da constituição de si no existencialismo. Através da coragem, a personagem de Electra exemplifica em sua história a ambiguidade da condição humana (com seus avanços e retrocessos), a exigência da imaginação para o agir (desde a dança até a espera de um futuro vingador com Orestes) e a união do engajamento com a situação (a obrigação de dar resposta a sua história quando vaticina, junto com o irmão, a mãe e o padrasto). Electra se coloca como instância fundamental no percurso que alcançará Orestes em sua liberdade. Sua coragem não é plena, como a metafísica compreende os valores autênticos; mas sim uma insistência vacilante, digna do *para-si*.

Sem a sua coragem, não seria possível entrever, no caminho percorrido por Orestes, o florescimento daquilo que Blanchot caracterizou – e para ele é um traço fundamental da peça – de uma "nova inocência" (Blanchot 1971: 73). Em liberdade, a inocência desprende-se da passividade e da inconstância que a fazem submissa à ordem vigente e aos deuses. Sua nova disposição situa-se na emancipação, como mensageira da aurora, neste caminho vindouro que a liberdade lhe proporciona. Essa outra inocência, trazida pela coragem, em nada se aproxima de uma indiferença e de um desprezo com o mundo, típica de um Lafcadio.[19] Ao contrário, percebe-se, graças a Electra, que a coragem incorpora o ato ao agente, não em uma interioridade fantasiosa, mas forjada no mundo.[20] Vemos então, em *As moscas*, a exposição, segundo a dialética existente entre Orestes e Electra, do princípio da intencionalidade já descrito, quase que literariamente, em seu ensaio de 1939: "por essência exterior à consciência, o mundo é, por essência, relativo a ela" (Sartre, 2005b: 56). Por essência exterior à liberdade, a coragem é, por essência, relativa a ela.

Por fim e retornando ao começo, é preciso reconhecer que esta interpretação sartriana da realidade humana floresce em meio a uma ficção. Na própria recepção da noção husserliana de intencionalidade, nos primeiros trabalhos de Sartre, já há a instauração de um abismo na realidade, um vazio oriundo da relação que abre espaço para a criação, conjuntura ontológico que faz com que seja possível "esta máscara japonesa ser terrível" ou, ainda, de se poder amar ou detestar uma árvore (Sartre, 2005b: 57). Se, em *O ser e o nada*, há a descrição das condutas e a produção de uma estrutura teórica apta a elaborar o acontecimento humano, é no teatro que Sartre se torna capaz de encarná-la e de constituí-la através da criação, transformando a peça em um espelho para nós, espectadores da obra. Reflexo obtido: ficção atrelada à realidade.

Assim, como insígnia desta dramaturgia, o que surge é o jogo vital da existência. Ou, em termos éticos, o que depreendemos na peça é que o par irrevogável do mundo é a responsabilidade, exigindo-se da ação uma coragem de empenho. Portanto, o teatro de Sartre revela-se, antes de tudo, como uma possibilidade de existência humana, e não uma mera ilustração da mesma, através de uma costura existencial peculiar entre pensamento e arte. Esta é a estética sartriana.

Notas

1 Conjunto de razões que levarão Blanchot a definir a peça como sendo "de um valor e de uma significação excepcionais" (Blanchot, 1971: 72).

2 É o que fará com que Merleau-Ponty afirme, com as críticas, que a peça de Sartre é "oportuna" (Merleau-Ponty, 1997: 61).

3 "*Sartre a exprimé le désespoir de cette génération. Ce n'est pas lui qui l'a créé, il lui a donné une justification et un style*" (François Mauriac in Chapsal, 1984: 15).

4 Esta dimensão categórica de toda ação, o da exigência de um objetivo, mesmo que provisório, foi expressa de maneira magistral por Lewis Carroll em *Alice no país das maravilhas*, na famosa iluminação quando Alice admite não saber para onde quer ir: "Então, pouco importa o caminho que você tome" (Carroll, 2009: 74).

5 "Assim, começamos a entrever o paradoxo da liberdade: não há liberdade a não ser em *situação*, e não há situação a não ser pela liberdade" (Sartre, 2012: 602).

6 "A leve pomba, ao sulcar livremente o ar, cuja resistência sente, poderia crer que no vácuo melhor ainda conseguiria desferir o seu voo. Foi precisamente assim que Platão abandonou o mundo dos sentidos, porque esse mundo opunha ao entendimento limites tão estreitos e, nas asas das ideias, abalançou-se no espaço vazio do entendimento puro. Não reparou que os seus esforços não lograram abrir caminho, porque não tinha um ponto de apoio, como que um suporte, em que se pudesse firmar e aplicar as suas forças para mover o entendimento" (Kant, 2001: 41-42 (A5-B9)).

7 Sobre a relação conflituosa entre a natureza do pensamento sartriano e sua reflexão negativa da filosofia de Nietzsche, ver "Nietzsche e Sartre: bárbaros da modernidade" (Norberto, 2011).

8 Deve-se atentar para o termo "redução", utilizado por Blanchot.

9 "O acontecimento cai sobre nós como um ladrão, lança-nos na vala ou atira-nos para um muro, só conseguimos ver o fogo. No entanto, mal ele acabou de fugir, ficamos tão profundamente modificados que nem sequer compreendemos como pudemos amar, viver, agir, anteriormente" (Sartre, 1972: 180).

10 "O mito, pois, é uma forma de condensação que aparentemente toma distância da realidade imediata, mas para melhor apreendê-la" (Liudvik, 2007: 44).

11 Há uma longa tradição na literatura sartriana de crítica à erudição pretensiosa. Além do Pedagogo de *As moscas*, por exemplo, há também o intelectual Hugo de *As mãos sujas* e, é claro, o Autodidata de *A náusea*.

12 Refiro-me a termos como "moral" e "ética" sem qualquer referência a regras metafísicas ou institucionais de orientação. Alinho-me à tradição antiga que associa tais termos a um cuidado consigo mesmo, a uma preocupação com um portar-se no mundo.

13 É neste sentido que Scarlett Marton destaca Orestes da plêiade de personagens sartrianos como representante maior da constituição da liberdade: "reivindicando com orgulho o seu ato, ele deixa Argos, levando consigo as Erínias. Mas, com esse ato, funda a sua existência e dá sentido a toda uma vida" (Marton, 2004: 233).

14 "A morte é um puro fato, como o nascimento; ela chega a nós de fora e nos transforma de fora. No fundo, ela não se distingue em absoluto do nascimento, e é tal identidade entre nascimento e morte que denominamos facticidade" (Sartre, 2012: 668, tradução minha).

15 Por exemplo, enquanto Sófocles e Eurípides dedicam uma obra inteira a ela, na *Oréstia* de Ésquilo, Electra tem um papel puramente secundário.

16 "A última das servas. Lavo a roupa do rei e da rainha. É uma roupa imunda" (Sartre, 2005: 22).
17 "Como eu o odiava, como me alegrava odiá-lo. Ah! Não posso suportar esse olhar" (Sartre, 1992: 81).
18 "O futuro – ainda que um exército inimigo ocupasse a França – era novo. Tínhamos poder sobre ele, éramos livres para fazer um futuro de vencidos ou, ao contrário, de homens livres que se recusam a crer que uma derrota marque o fim de tudo o que dá vontade de viver uma vida de homem" (Sartre, 1992: 273).
19 Blanchot traz o personagem de *Os subterrâneos do Vaticano* (1914), de André Gide, como Sartre também o fará em *O existencialismo é um humanismo* (1945), para sua argumentação como meio de discernir a inocência criadora da liberdade do vazio niilista inerente a uma neutralidade.
20 Movimento que explicita o caráter performático da filosofia: "Eu penso que a filosofia é dramática (...) Trata-se do homem – que é, ao mesmo tempo, *um agente e um ator* -, que elabora e representa seu drama, vivendo as contradições da sua situação até à explosão da sua pessoa ou mesmo à solução de seus conflitos" (Sartre apud Chapsal, 1984: 108-109, tradução minha).

Referências

ARASSE, D. *Nada se vê – Seis ensaios sobre pintura*. Tradução de Camila Boldrini e Daniel Lühmann. São Paulo: Editora 34, 2019.

BLANCHOT, M. "Le mythe d'Oreste". *Faux Pas*. Paris: Éditions Gallimard, 1971.

CARDIM, L. "A forja do mito em *As moscas*". *Revista TRANS/FORM/AÇÃO*, vol. 4, n. 4. Marília: Unesp, 2017.

CARROLL, L. *Alice no país das maravilhas*. Tradução de Nicolau Sevcenko. São Paulo: Cosac Naify, 2009.

CHAPSAL, M. *Envoyez la petite musique*. Paris: Éditions Grasset & Fasquelle, 1984.

CASTRO, F.C.L. *A ética de Sartre*. São Paulo: Edições Loyola, 2016.

KANT. I. *Crítica da razão pura*. 5ª ed. Tradução de Manuela Pinto dos Santos e Alexandre Fradique Morujão. Lisboa: Fundação Calouste Gulbenkian, 2001.

LOUETTE, J-F. *Sartre contra Nietzsche (Les Mouches, Hui Clos, Les Mots)*. Grenoble: Presses Universitaires de Grenoble, 1996.

LIUDVIK, C. *Sartre e o pensamento mítico – revelação arquetípica da liberdade em* As moscas. São Paulo: Edições Loyola, 2007.

MARTON, S. *A irrecusável busca de sentido – autobiografia intelectual*. Cotia: Ateliê Editorial; Ijuí: Editora Unijuí, 2004.

MERLEAU-PONTY, M. "Les Mouches". *Parcours (1935-1951)*. Lagrasse: Éditions Verdier, 1997.

NANCEY-QUENTIN de GROMARD, M. "Sartre *pro* Nietzsche – *Les Mouches*, un théâtre de la cruauté". *Études sartriennes 2017,* n. 21. Paris: Classiques Garnier, 2017.

NORBERTO, M. S. "Nietzsche e Sartre: bárbaros da modernidade". *Cadernos Nietzsche,* n. 29, vol. II. São Paulo: GEN, 2011. p. 411-429.

______. *O drama da ambiguidade – a questão da moral em* O ser e o nada. São Paulo: Edições Loyola, 2017.

RIMBAUD, A. *Œuvres completes*. Paris: Plêiade, 2009.

SARTRE, J-P. "A república do silêncio". *Situações III*. Tradução de Rui Mário Gonçalves. Lisboa: Publicações Europa-América, 1971.

______. *Situações IV*. Tradução de Maria Eduarda Reis Colares e Eduardo Prado Coelho. Lisboa: Publicações Europa-América, 1972.

______. *Situations X – Politique et autobiographie*. Paris: Éditions Gallimard, 1976.

______. *A esperança agora: entrevistas de 1980*. Tradução de Maria Luiza X. de A. Borges. Rio de Janeiro: Editora Nova Fronteira, 1991.

______. *Un théâtre de situations*. Paris: Folio/Éditions Gallimard, 1992.

______. *As moscas*. Tradução de Caio Liudvik. Rio de Janeiro: Nova Fronteira, 2005.

______. *Situações I – Críticas literárias*. Tradução de Cristina Prado. São Paulo: Cosac Naify, 2005b.

______. *O ser e o nada – Ensaio de ontologia fenomenológica*. 21ª ed. Tradução de Paulo Perdigão. Petrópolis: Vozes, 2012.

______. *O idiota da família – Gustave Flaubert de 1821 a 1857*. Vol. 1. Tradução de Julia da Rosa Simões. Porto Alegre: L&PM, 2013.

STEINER, G. *Errata: revisões de uma vida*. Tradução de Margarida Vale de Gato. Lisboa: Relógio D'Água Editores, 2009.

______. *As artes do sentido*. Tradução de Ricardo Gil Soeiro. Lisboa: Relógio d'Água Editores, 2017.

A recepção da arte como contribuição para o fim da arte – apontamentos sobre a necessidade de aliar o engajamento ao imaginário

Thana Mara de Souza

Brasil, 2019: o filme *Bacurau*, dos diretores Kleber Mendonça Filho e Juliano Dornelles, mesmo antes de ser lançado, já tinha seus admiradores e detratores. Bastava saber o nome do diretor para os grupos se posicionarem, de modo polarizado, a defender ou atacar de forma exagerada o filme. Mas essa perspectiva não se modificou depois da estreia do filme. As pessoas passaram a assistir ao filme e a manter a visão que tinham antes de vê-lo, dizendo, explícita e diretamente, que se tratava de um filme contra o atual presidente do país, e que deveríamos, no mundo real, nos comportar tais quais os habitantes de Bacurau (isso em minha bolha nas redes sociais, claramente de espectro mais de esquerda)[1] ou, então, que o filme era claramente contra Bolsonaro e por isso precisava ser boicotado, ou cancelado, para usar uma palavra em voga.

É o que, aliás, já estávamos vendo no âmbito das exposições e músicas. No início da exposição "Queermuseu", em meados de 2017, no Santander Cultural, em Porto Alegre, grupos de direita e religiosos (não que um seja necessariamente também o outro) se opuseram fortemente ao financiamento público de uma exposição que faria, segundo esses grupos, "apologia" à zoofilia, à pedofilia, entre outras coisas, porque algumas das obras expostas colocavam esse conteúdo em cena, ou melhor, em pinceladas. Diante das manifestações, em nome da "proteção das crianças", a exposição foi literalmente cancelada.

Mas não podemos nos enganar: o cancelamento de uma obra de arte por conta apenas de seu conteúdo é algo que as esquerdas também vêm praticando há um bom tempo. Só para ficar com um exemplo clássico: a música "Mulheres", cantada por Martinho da Vila, é não só oficialmente cancelada em eventos e festas, como também teve ao menos uma nova versão feminista, na qual o eu lírico é uma mulher que se basta e não quer saber de homem que procura nela a felicidade.[2] Que outras versões de uma música sejam feitas, mesmo que de forma rápida e repetindo muitas das estruturas da música original, isso pode ser interessante no processo de criação e recriação de qualquer arte. Mas não é essa a intenção aqui: uma versão é feita para apagar a outra, não para dialogar com ela. Não se trata de apresentar outra perspectiva, que tornaria a primeira menos absoluta, mas de tentar fazer com que haja apenas uma delas.

Esse é o interesse do cancelamento no mundo artístico atual: sem qualquer passagem, vai-se do conteúdo lírico (imaginário, metafórico, simbólico, o que acharem melhor) ao real. De antemão, por conta do nome da/do artista, ou considerando apenas "o que" é dito, pintado, cancela-se a obra por motivos morais e/ou políticos. Ou seja: as reações às obras de arte no início do século XXI têm sido as de considerar que arte é política no sentido estrito, que arte é igual à política, que arte faz apologias. São, enfim, um panfleto tal como propaganda feita por um partido ou empresa. Será mesmo que poderíamos fazer essa identificação? Ou melhor: para continuar a manter a importância da arte, será que deveríamos fazer essa identificação?

É o que uma frase, na exposição de Ai Weiwei, em 2019, no Centro Cultural Banco do Brasil (CCBB), no Rio de

Janeiro, parece dizer. Em uma das paredes, lia-se: "Tudo é arte. Tudo é política". E, embora tudo possa ser transformado em arte, e toda questão possa ser discutida de um ponto de vista político, disso se segue que tudo é arte, que tudo é política? Que qualquer coisa, em qualquer lugar, é necessariamente arte e política? E que arte é política?

Ao fazer essas identificações, até que ponto não estamos diminuindo a importância tanto da arte quanto da política? As simplificações, que fazem com que tudo se pareça com tudo, levam justamente a uma menor compreensão das diferenças que fazem com que ainda denominemos algo de arte e, e outro algo, de política.

O próprio Ai Weiwei, aliás, parece não fazer essa identificação tal como a frase exposta na exposição diz. À revista *Época*, assim o artista responde à pergunta "Sua arte é política?":

> Do ponto de vista nutricional, sabemos que a laranja tem vitamina C. Mas você não chama a laranja de vitamina C. Você pode comer, fazer suco, diferentes locais dão laranjas com sabores diferentes. Então dizer que a arte é política é o mesmo que dizer que laranja é só vitamina C. Claro que arte pode ser política (Pimenta, 2018).

Se arte pode ser política, não significa, porém, que arte é política, do mesmo modo que embora a laranja tenha vitamina C, não chamamos laranja de vitamina C. Na entrevista, o artista parece apontar para uma diferença que não impede a comunicação, mas uma comunicação que se mantém na diferença, ou na não diluição de um termo no outro. E é o que também uma outra entrevista, dada no mesmo período (antes da inauguração da exposição em São Paulo) à *Folha de S.Paulo*, parece mostrar:

> A arte serve para as pessoas respeitarem as diferenças e repensarem as suas condições. E isso é muito político. Porque o artista está, independente e conscientemente, trazendo essas questões com as obras, e não esperando pelas eleições a cada quatro anos. A arte é uma eleição a cada momento (Perassolo, 2018).

Em um sentido lato, é possível dizer que a arte é política porque ela faz as pessoas repensarem, a cada momento, as suas condições, mas esse ser político não se confunde, ou não se identifica totalmente, com uma questão político-partidária real.

Nesse sentido, a partir das entrevistas às mídias brasileiras, poderíamos dizer que o artista chinês não faz essa diluição total entre ser artista e ser político, embora sejam as letras garrafais na exposição no CCBB-RJ que tenham tido maior repercussão, talvez numa escolha do curador Marcello Dantas de enfatizar o lado ativista (que existe e é importante na produção de Ai Weiwei) do artista.

E é esta a questão que proponho debater aqui: tudo é arte? Ou para ser arte é necessário um trabalho de transformação, de criação, que não pode ser possível a qualquer um fazer? Eu, ao digitar estas palavras em um notebook, estou criando um texto teórico que, a meu ver, não é o mesmo que uma criação artística. E mais: se dissesse que é um processo exatamente igual ao processo de criação de uma obra de arte, estaria eu mais a diminuir a importância da arte do que a valorizá-la.

Isso mostra como o mundo contemporâneo da recepção artística parece se esquecer de algo essencial: que arte não pode ser compreendida apenas pelo seu conteúdo, mas também deve ser considerada em sua forma; que, em um filme, por exemplo, não está em jogo apenas a frase dita pelo personagem X (muito menos que a fala do personagem seja idêntica ao que o diretor diria), mas também a estrutura narrativa e o uso da câmera devem ser considerados, para focar em só dois elementos. É o que podemos chamar de "estilo", ou o "como". Uma obra de arte não diz apenas "o que" diz, mas também no "como" diz. E, ao não considerarmos os aspectos estéticos (imaginários, simbólicos, metafóricos, ambíguos, irreais), ao ignorarmos a transformação que o artista produz, contribuímos para fazer, da arte, um panfleto e, nesse movimento, enfraquecemos tanto a arte quanto o panfleto.

Se não considerarmos o que faz de um objeto uma obra de arte, como poderemos continuar a garantir que a arte é importante? Se criticamos ou elogiamos uma obra apenas pelo que um personagem diz, ou pelo que a imagem mostra, até que ponto não fazemos da arte, qualquer coisa? E se é qualquer coisa, faz sentido ainda defender sua importância?

Para pensar essa relação entre arte e política nos tempos atuais, e como essa visão que identifica arte à política no sentido estrito é prejudicial, é interessante trazer o pensamento de Jean-Paul Sartre, conhecido justamente por falar em engajamento na arte, e que é tão mal compreendido sobre o que significa esse engajamento.

No livro *Que é a literatura?*, publicado em 1947, o filósofo francês insiste na noção de que a prosa deve ser engajada. Mais: que mesmo quando não tem consciência reflexiva de ser engajado, mesmo quando quer escrever uma obra alienante, o escritor se engaja, coloca certa situação e é responsável pelo que diz e pelo que cala. À primeira vista, isso nos levaria a pensar que Sartre está aqui colocando a arte como apologia, como propaganda política no sentido estrito, de defesa de uma ideologia ou de um partido. Mas se observarmos com mais calma e profundidade o ensaio, veremos que não é esse o caso.

É necessário que façamos duas observações importantes, que nos levarão a compreender melhor o que o filósofo designa como engajamento da prosa:

Primeira: Sartre faz uma distinção entre o que chama de artes "significantes" e artes não significantes, ou artes do "sentido", como poderíamos chamar. Apenas à prosa, por ser uma obra de arte significante, cabe ser, de modo específico, engajada (cf. Souza, 2018). Com isso, o filósofo quer dizer que os artistas não lidam com seus objetos da mesma forma: embora haja diálogo entre as artes, e uma influencie a outra, o modo como o músico lida com o som não é o mesmo modo como o prosador lida com as palavras.

Nas artes do sentido, nós veríamos que um "pequeno sentido obscuro que as habita, leve alegria, tímida tristeza, lhes é imanente ou tremula ao seu redor como um halo de calor" (Sartre, 2004: 10), ou, como dito um pouco depois, "são uma emoção que se fez carne" (p. 12) – de forma que não caberia aqui pensar um engajamento no sentido mais vigoroso. Embora também seja possível pensar em um engajamento mais amplo, focado na relação entre artista e público, e que pode estar presente em todas as artes, o engajamento tratado no início de *Que é a literatura?* é mais específico por trazer a noção de linguagem, mais especificamente ainda, uma linguagem significante. As artes plásticas, a música e mesmo a poesia não se utilizam dessa linguagem signo-significado, não expressam algo distinto, mas fazem com que, na própria carne (palavra, nota, pincelada), a emoção surja.[3]

O sentido mais forte ou específico de engajamento, apenas a prosa traria. E isso porque ela é uma arte que se vale da palavra, que utiliza a palavra como instrumento para levar a alguma outra coisa, e não como coisa em si mesma. Ao utilizar a linguagem desse modo, a prosa traz uma referência mais explícita e externa (menos imanente) ao mundo real. E nessa referência, nessa expressão, nessa designação, é que cabe ver o engajamento.[4] O escritor, ou prosador, é engajado porque, fazendo da palavra instrumento, se refere mais claramente ao real – o que, embora nos aproxime mais do real que as outras artes, se começa a mostrar também que não se confunde com ele. E ao realizar o engajamento por meio da escrita da prosa, o escritor realiza um movimento de desvelamento, ou de mediação, levando o leitor a também ser constrangido a assumir a responsabilidade por seu engajamento no mundo.

Mas, afinal, se assim começamos a compreender melhor a noção de engajamento, isso ainda não é o suficiente. Sartre deixa claro, na terceira parte do livro, que essa noção não tem um caráter político no sentido partidário, eleitoral, ativista (no sentido atual), mas se assemelha mais à noção de "estar embarcado", de Pascal. Esta é a segunda observação importante a ser destacada:

> Escreve Étiemble num artigo espirituoso, mas um pouco superficial: "Eu estava a ponto de revisar o meu pequeno dicionário, quando o acaso colocou bem debaixo do meu nariz três linhas de Jean-Paul Sartre: 'Para nós, com efeito, o escritor não é Vestal nem Ariel. Faça o que fizer, ele está na jogada, marcado, comprometido até no seu retiro mais longínquo'. Estar na jogada, estar na chuva. Eu reconhecia aí algo próximo da frase de Blaise Pascal: 'Nós embarcamos'. Mas vi então o engajamento perder todo o valor, reduzido de repente ao fato mais banal, ao fato do príncipe e do escravo, à condição humana".
>
> Não digo outra coisa. Acontece que Étiemble se faz de distraído. Se todos os homens embarcaram, isso não quer

> dizer que tenham plena consciência do fato; a maioria passa o tempo dissimulando o seu engajamento (...). Eu diria que um escritor é engajado quando se trata de tomar a mais lúcida e integral consciência de ter embarcado, isto é, quando faz o engajamento passar, para si e para os outros, da espontaneidade imediata ao plano refletido. O escritor é mediador por excelência e o seu engajamento é a mediação (Sartre, 2004: 61-62).

Estar engajado não é senão estarmos situados em um mundo, agindo e sofrendo a ação dos outros. E essa é a condição humana, a condição comum a todos os seres humanos,[5] tal como o estar embarcado de Pascal. No entanto, a maioria das pessoas passa a maior parte do tempo tentando dissimular seu engajamento, e a prosa seria o lugar, por excelência, no qual o escritor constrangeria o leitor a assumir, de forma reflexiva, sua posição no mundo. Não necessariamente pró ou anti-Bolsonaro, mas assumindo não ser meramente passivo na escolha de ser pró ou anti-Bolsonaro. O engajamento é mais a admissão de que também agimos, de que também somos responsáveis por nossas escolhas,[6] de que não somos frutos do meio, tal como o movimento da bola de bilhar amarela é efeito do movimento da bola de bilhar branca. Estar engajado é assumir que não há, na realidade humana, uma causalidade forte, que não podemos nos furtar ao fato de que, mesmo alienada, e sempre alienada, a subjetividade, pensada como movimento em direção ao mundo e aos outros, permanece, não deixa de existir. Nesse sentido, o engajamento do escritor, por meio da prosa, é o de fazer a mediação de um engajamento sempre presente, mas não admitido, para uma consciência reflexiva desse mesmo engajamento. O prosador, ao utilizar a palavra como instrumento, seria, segundo Sartre, "o mediador por excelência", e conseguiria mostrar, na prosa (em uma arte que é palavra como instrumento, e, como enfatizaremos logo a seguir, estilo), a responsabilidade pelo mundo, que o leitor também deveria assumir.

Há, portanto, um aspecto político do engajamento da prosa, mas é um aspecto que não pode ser confundido meramente com uma opção partidária, eleitoral, ideológica. O engajamento implica assumirmos que, qualquer que seja a opção partidária, eleitoral, ideológica que elegemos, é uma escolha,[7] é também exercício de nossa subjetividade, e por isso devemos nos responsabilizar.

Sartre chega a ser explícito na não identificação entre o engajamento da arte com a política partidária:[8] no mesmo livro, ao falar da situação dos escritores em 1947 (sua situação), o filósofo descreve a dificuldade de atingir os proletários franceses:

> Infelizmente, em nosso país, uma cortina de ferro nos separa desses homens a quem devemos falar: eles não entenderão uma palavra do que lhe dissermos. A maioria do proletariado, tolhida num partido único, cercada por uma propaganda que o isola, forma uma sociedade fechada, sem portas nem janelas. Com uma só via de acesso, assaz estreita, o PC. É de se desejar que o escritor se engaje no partido? Se o fizer por convicção de cidadão e por desgosto com a literatura, está muito bem, ele escolheu. Mas é possível tornar-se comunista continuando a ser escritor? (Sartre, 2004: 186)

E ele mesmo responde duas páginas depois: "Caso se pergunte hoje se o escritor deve, para atingir as massas, oferecer os seus serviços ao Partido Comunista, respondo que não: a política do comunismo stalinista é incompatível com o exercício honesto do ofício literário" (Sartre, 2004: 188).

Ou seja: não cabe ao escritor filiar-se a um partido. Se o faz pessoalmente, que seja, mas não é possível conciliar a liberdade necessária para ser escritor com o prestar serviços a um partido. A prosa não pode ser propaganda política, não pode se restringir às ordens de um partido, mas deve ser fruto da criação imaginária do escritor.

Assim, falar em engajamento, para Sartre, significa:

a) Restringi-la, ao menos no modo mais específico de pensá-la, à prosa, e não a todas as artes, pelo fato de o escritor ainda utilizar palavra como instrumento, no registro de uma linguagem signo-significado.
b) Compreender que prosa engajada não é sinônimo de pertencimento político do escritor a um partido. Não se trata de prestar serviços a um partido, de se tornar um membro de qualquer gueto, mas de exigir a liberdade de escrita.

No entanto, há ainda mais um aspecto essencial em *Que é a literatura?*: nem mesmo na prosa o engajamento deve apagar o estilo, o modo de escrever. Falar que a prosa é engajada não é o mesmo que dizer que a prosa opera nos mesmos moldes de um panfleto ou de um ensaio teórico. "Nada impede que haja a maneira de escrever. Ninguém é escritor por haver decidido dizer certas coisas, mas por haver decidido dizê-las de determinado modo. E o estilo, decerto, é o que determina o valor da prosa" (Sartre, 2004: 22).

Ser prosador não é apenas escrever algo, mas é escolher uma maneira de dizê-lo. O engajamento constitui a prosa, assim como a beleza,[9] o estilo. É desse modo, aliás, que podemos distinguir o que é uma linguagem literária de uma linguagem cotidiana, interessada apenas no dizer certas coisas, sem preocupações com a maneira de dizê-las. Falar em engajamento não significa esquecer que se trata de uma obra literária, de uma arte. Por isso, o estilo também é fundamental, e não se contrapõe ao engajamento, pelo contrário. Mesmo que a questão central de *Que é a literatura?* seja a noção de engajamento, Sartre ao menos aponta que o estilo é tão constituinte quanto.

E na conferência de Sartre dada na Universidade Mackenzie, em 1960, o filósofo torna ainda mais explícita essa relação necessária entre beleza e engajamento. É assim que ele começa sua conferência:

> Não dei título a essa conferência, mas seu tema sendo literário como já sabiam, vou referi-la, se me permitem, à noção de beleza. Vamos tentar determinar juntos o que é o belo (...). Desta forma, estarei retomando um determinado assunto pelo lado contrário, pois muitas vezes já falei da literatura engajada e como todos os que já falaram disso, fui acusado de menosprezar a arte e a beleza em favor do engajamento. Nessas condições, creio que é necessário inverter o problema: hoje falarei da beleza e vamos ver em que medida esta exigência conclui precisamente pela exigência de engajamento (Sartre, 1987).

Se engajamento não é colocar a obra a serviço de um partido ou de um grupo, é possível conciliá-la com a beleza. E a prosa só se coloca como obra de arte se conseguir conciliá-las: adotando apenas o engajamento (o que se diz), teríamos um texto jornalístico, ou um panfleto, ou, ainda, um manifesto. Adotando apenas a beleza (a maneira com que se diz), teríamos mais poesia do que prosa, que não é, aqui, considerada engajada no sentido mais forte (de desvelamento e mediação).

Ao menos em *Que é a literatura?* Sartre coloca a necessidade de pensar a prosa, mais próxima de uma linguagem cotidiana, como arte, ou seja, como uma obra estética que não se restringe ao real, mas solicita o imaginário. E essa concepção continua na entrevista chamada de "Autorretrato aos 70 anos",

> Hoje, muitos jovens não se preocupam com o estilo e pensam que o que temos de dizer, devemos dizer simplesmente – e isso é tudo. Para mim, o estilo – que não exclui a simplicidade, pelo contrário – é antes uma maneira de dizer três ou quatro coisas em uma só. Há a frase simples, com seu sentido imediato, e depois, abaixo, simultaneamente, sentidos diferentes que se ordenam em profundidade. Se não formos capazes de dar à linguagem essa pluralidade de sentidos, não vale a pena escrever (Sartre, 1976: 137).[10]

É preciso, pois, um trabalho por parte do prosador que busque conferir diferentes sentidos a uma mesma palavra, diferentes camadas de sentidos nas frases, de modo que um romance não poderia se identificar com meramente uma comunicação. Não se trata, mesmo na prosa, de apenas comunicar algo, dizer o que significa, mas, também e necessariamente trata-se de buscar um certo estilo, um certo modo próprio de criar camadas de significação, ambiguidades em cada frase. O prosador não busca ser compreendido como o falante, mas busca a pluralidade e a profundidade de cada palavra, de cada ordenação de frases e parágrafos.

Sartre observa essas distinções no modo como ele mesmo escrevia os textos literários e os textos filosóficos. Sem pretender que a filosofia fosse uma linguagem unívoca, ao menos ela deveria se ocupar por tornar clara uma ideia, sem utilizar uma linguagem literária. E essa não é a intenção de um prosador: aqui o objeto é diferente, e, por conta disso, o modo de utilizar a linguagem também:

> – Os seus manuscritos filosóficos são escritos no correr da pluma, quase sem rasuras. Seus manuscritos literários, ao contrário, são extremamente trabalhados, refinados. Por que essa diferença?
>
> – É a diferença dos objetos: em filosofia, cada frase não deve ter senão um sentido. O trabalho que eu fiz em *As palavras*, por exemplo, tentando dar a cada frase sentidos múltiplos e superpostos, seria um mau trabalho filosófico. Se tenho que explicar o que é, digamos, o Para-si e o Em-si, isso pode ser difícil, posso utilizar diferentes comparações e demonstrações para realizá-lo, mas é preciso me concentrar em ideias que devem poder se fechar: não é nesse nível que eu encontro o sentido completo – que pode e deve ser plural ao nível da obra completa –; eu não quero dizer, com efeito, que a filosofia, assim como a comunicação científica, seja unívoca. Na literatura, que tem sempre, de uma certa maneira, relação com o vivido, nada do que digo é expresso totalmente pelo que digo. Uma mesma realidade pode se expressar de maneiras praticamente infinitas. E é o livro inteiro que indica o tipo de leitura que cada frase requer, e até o tom de voz que essa leitura requer, quer leiamos em voz alta ou não (Sartre, 1976: 139).[11]

Os trabalhos com a linguagem feitos por Sartre filósofo e por Sartre escritor são diferentes. O filósofo procura deixar claras as ideias, mesmo as mais difíceis, com as quais pretende trabalhar. E para isso escreve de forma mais rápida, sem tantas rasuras (como logo depois ele dirá, por mais consequências que a frase "penso, logo existo" tenha na história da filosofia, Descartes deve tê-la encontrado rapidamente). Pelo contrário, o escritor faz um trabalho com a linguagem, tanto quanto com o que pretende dizer. É isso que foi chamado em *Que é a literatura?* de estilo: o trabalho para tornar a linguagem mais rica, mais ambígua, para trazer mais multiplicidade de sentidos a uma palavra, tirando-a do universo que pretende apenas comunicar.

Mesmo na prosa, que mantém o aspecto da referência, do signo-significado, o estilo não pode ser esquecido. Em outras palavras: se a prosa é engajada por se referir a algo externo à própria linguagem (linguagem como instrumento, e não coisa em si mesma), esse engajamento não implica que a prosa se confunda com um texto filosófico ou com um artigo de jornal. A prosa, mesmo que não seja arte como as outras artes, é uma obra de arte, e isso a distingue de toda escrita que se mantém no plano do real, da concretude.

Sartre chamará a prosa de "objeto concreto e imaginário" (Sartre, 2004: 37), ou seja, tem um substrato concreto (*analogon*) que é o livro, o papel, as palavras impressas, que convidam o leitor à construção do objeto estético, que não está nesse plano, mas sim, no do imaginário. A prosa é um objeto concreto criado pelo escritor e que solicita ao leitor o uso do imaginário. Há, aqui, uma distinção entre o que é o real e o imaginário que faz com que, mesmo uma arte que utiliza a linguagem-instrumento não possa ser confundida com um artigo em um jornal, ou um texto filosófico, ou ainda um panfleto. Isso será fundamental para compreendermos depois em que medida falar em engajamento da arte implica pensá-la como arte e não a descaracterizar, ignorando seu estilo, tal como as críticas e opiniões sobre as artes contemporâneas no Brasil têm feito.

Mas antes de esboçarmos essa crítica, é importante compreender melhor o que Sartre chama de imaginário, e como este se distingue do que é percebido, do que é o real. Essa compreensão será importante para enfatizar a necessidade de não ignorar os elementos estéticos de uma obra de arte. Para isso, precisamos voltar ao livro *O imaginário,* de 1940.

Nele, Sartre pretende compreender o que significa imaginar, ampliando a noção para incluir também os sonhos, a arte e as alucinações. Partindo da concepção de consciência como intencionalidade,[12] que faz da consciência não mais um conteúdo ou uma substância, mas a transforma em um "vento", um "turbilhão"[13] que se expande em direção ao que ela não é, em direção às coisas, o filósofo repensa o que é imaginação.

Ao pensar a consciência como intencionalidade, o livro *O imaginário* se propõe a revelar os modos como a consciência, unida em um fluxo, se direciona às coisas. Esse modo de intencionar os objetos é o que permitirá a Sartre distinguir o que é imaginação e percepção, que seriam as duas "grandes atitudes irredutíveis da consciência" (Sartre, 1996: 160).

Perceber um objeto, tal como descrito na primeira parte, na "estática", é colocar (consciência tética do objeto, que intenciona, que coloca uma tese) o objeto como presente, como existente, e que observamos. Esse objeto está para além de nossa atual percepção, e sempre aprendemos com ele. É o que Sartre exprimirá ao dizer que o real é "demais", que ele excede aquilo que posso perceber nesse instante. Esse é o modo como a consciência perceptiva se volta para o objeto.

Já na imaginação, o modo é outro: aqui, voltamo-nos para um objeto que não está presente ou que não existe, e colocamos[14] sua ausência ou inexistência. Construir a imagem de Pierre, que agora se encontra na Alemanha,[15] é trazer sua ausência, assim como construir a imagem de um quadro é colocar sua inexistência. Não se trata, pois, propriamente, de uma observação, mas do que ele chamará de quase-observação: os objetos imaginados, enquanto imaginados, não estão aqui ou não existem, de tal forma que não excedem o que imagino dele agora. Se em um instante eu deixo de imaginar Pierre, Pierre enquanto imagem desaparece; o que não acontece no caso da percepção (e Sartre chegará a afirmar, enfaticamente, que "não há ninguém suficientemente louco para acreditar que ela desaparecerá" (Sartre, 2004: 34).

O objeto enquanto imagem é mantido, assim, pela consciência que imagina. E no caso das imagens materiais, é sustentado também pelo que se chamará de *analogon*, um representante analógico do que não existe. Se observarmos uma pintura, por exemplo, veremos que existe uma tela na qual o pintor colocou pinceladas e cores: esse é o substrato real a partir do qual o quadro, como objeto artístico, surgirá. Em outras palavras, "a obra de arte é um irreal" (Sartre, 1996: 245). Ela é possível a partir da tela, mas não se confunde com a tela; assim como é possível a partir de palavras impressas em um papel, mas não é exatamente ou apenas essas palavras. Um romance se torna um romance, uma obra de arte, quando, a convite das palavras-armadilhas colocadas pelo escritor, o leitor doa suas emoções, medos e saberes para contribuir com a criação dos personagens e dos enredos irreais. Do mesmo modo, uma música passa a ser objeto estético quando executada a partir de partituras desenhadas e de instrumentos reais. Existe, na obra de arte, um suporte que é real, mas que, no movimento artístico, é transcendido para um irreal, no qual "as relações de cores e formas adquirem seu verdadeiro sentido" (Sartre, 1996: 247).

O belo não se dá à percepção, o que significa dizer que não existe, para Sartre, uma confusão entre o real e o irreal, entre o percebido e o imaginado. Essas consciências, mesmo que façam parte de um mesmo fluxo, são irredutíveis, como citamos há pouco, o que implica dizer que no momento em que há percepção, não há imaginação, e vice-versa. Elas se comunicam, se motivam, mas não podemos dizer que em um mesmo momento percebo e imagino. Ao olhar uma tela, começo percebendo o quadro, observando suas cores, as pinceladas, mas é necessário um movimento meu que me permita apreender o sentido desse quadro, que me permita constituir a tela como um quadro belo, movimento esse que é criado pela consciência imaginante. Importante é compreender que, sendo irredutíveis, não pode haver confusão, indistinção entre um momento e outro. Uma conversão é necessária para o âmbito do irreal e da beleza. Uma passagem da percepção à imaginação deve ser operada pela consciência, e isso implica dizer que uma obra de arte não pode ser reduzida a seu aspecto perceptível:

> Esse quadro, enquanto coisa real, pode estar menos ou mais iluminado, suas cores podem descascar, ele pode queimar. É que ele possui (...) um "ser-ambiente-no-mundo". Sua natureza objetiva depende da realidade apreendida como um conjunto espaçotemporal. Mas se, ao contrário, eu apreendo Carlos VIII enquanto imagem no quadro, o objeto apreendido não pode mais ser submetido, por exemplo, a modificações de iluminação. Não é verdade que eu possa, por exemplo, iluminar a bochecha de Carlos VIII.
>
> A iluminação desse rosto, com efeito, foi, de uma vez para sempre, fixada no irreal pelo pintor. É o sol irreal – ou a vela irreal que foi colocada pelo pintor a esta ou aquela distância do rosto pintado – o que determina o grau de iluminação da bochecha (Sartre, 1996: 239).

Se existe uma tela real, fixada em uma parede que é iluminada realmente de um modo ou outro, não é isso que constitui o quadro, a imagem. A imagem de Carlos VIII, ou de qualquer quadro mais abstrato (*Guernica*, por exemplo), é iluminada irrealmente pela vela irreal pintada no canto do quadro. É ela que determina que o rosto irreal de Carlos VIII apareça mais claro de um lado do que de outro, e não a lâmpada da sala do museu. Essa distinção entre a tela real e o quadro irreal é fundamental para compreendermos bem o que é obra de arte para Sartre: se, por um lado, é a partir dessa tela real que o quadro pode se colocar, por outro, eles não se confundem. A tela serve como suporte para que a obra de arte apareça, mas sua inexistência só aparecerá se houver uma "conversão radical" (Sartre, 1996: 246), se a consciência se modificar para uma consciência imaginante. "O que é belo, ao contrário, é um ser que não poderia dar-se à percepção" (p. 246).

O mesmo ocorre com a *Sétima Sinfonia*: ao ouvir a sinfonia tocada por uma orquestra, se executo a conversão para o imaginário, então fico diante da música.

> De fato, a sala, o maestro, a orquestra desapareceram. Estou diante da *Sétima Sinfonia*, mas sob a condição expressa de não ouvi-la em parte alguma, de cessar de pensar que o acontecimento é atual e datado, sob a condição de interpretar a sucessão de temas como uma sucessão absoluta, e não como uma sucessão real que se desenrolaria, por exemplo, nesse tempo em que Pierre, simultaneamente, faz uma visita a um de seus amigos (...). Ela está inteiramente fora do real (Sartre, 1996: 250).

A obra de arte encontra-se no irreal, no inexistente, e assim é posta por uma consciência imaginante. O *analogon*, seja a tela ou a orquestra ou palavras em um papel, serve de motivação para que nossa consciência opere a conversão radical, ultrapasse o modo perceptivo e passe ao modo imaginante.

Dessa forma, podemos dizer que real e obra de arte estão em âmbitos diferentes, que não podem ser completamente confundidos, mesclados. A partir da teoria de Sartre, não poderíamos dizer, sem qualquer espécie de passagem, que um filme pretende defender um governo. Um filme, mesmo que com intenções políticas de um diretor, encontra-se fora do real, encontra-se em um imaginário que se coloca como belo justamente por sua inexistência. E são essas passagens, esses meandros, que fazem da arte, arte. Ignorar essa conversão radical, fazer a confusão do real com o irreal, é contribuir para o aniquilamento do que é o estético.

É por isso que tentamos apontar, em um primeiro momento, que não deveríamos ignorar essa passagem para o metafórico, imagético, irreal, imaginário de uma obra de arte, que não deveríamos tratá-la como se fosse meramente uma referência explícita e direta ao real, tal como um panfleto ou artigo de jornal. Mas é preciso se atentar para uma questão: o fato de haver uma diferença que não permite confusão, indistinção, não significa, no pensamento de Sartre, que não há comunicação, motivação.

Do mesmo modo que dizer que a prosa é engajada não significa dizer que ela é meramente propaganda de um partido político, dizer que é obra do imaginário não implica dizer que ela seja alienante. Ser irreal, não estar na esfera da percepção, não faz com que a arte seja necessariamente alienadora, aquilo que nos faria fugir do mundo real. Para isso, é importante enfatizar que, de modo geral, no pensamento sartriano, recusar um extremo não nos leva ao outro extremo: mais interessado nas tensões, nas ambiguidades, o filósofo tenta equilibrar os lados opostos: nem um engajamento que exclua o aspecto estético, nem um irreal que ignore a relação com o real.

E é esse ponto que gostaria de me dedicar agora: a diferença entre real e irreal, percebido e imaginado, não implica uma impossibilidade de relação entre eles. Se estaticamente eles se dão de forma separada, dinamicamente um motiva o outro, de tal forma que não conseguimos, de fato, falar do que é percebido sem nos remeter ao que é imaginado, e vice-versa. Ou seja, dizer que a obra de arte é obra do imaginário não significa o contrário de dizer que ela é engajada.

Se existe um ultrapassar do real ao irreal, se percepção e imaginação não se dão ao mesmo tempo, disso não se segue que esses diferentes "mundos"[16] não se comunicam, e mais, não se exigem. Dinâmica e concretamente, é preciso compreender que, no fluxo temporal da consciência, há motivações que levam à imaginação e desta, de volta à percepção. Vejamos a conclusão de *O imaginário*:

> Chamaremos "situações" os diferentes modos imediatos de apreensão do real como mundo. Podemos dizer assim que a condição essencial para que uma consciência imagine é que ela esteja "em situação no mundo", ou, mais brevemente, que ela "esteja-no-mundo". É a situação-no-mundo, apreendida como realidade concreta e individual da consciência, que serve de motivação para a constituição de um objeto irreal qualquer, e a natureza desse objeto irreal é circunscrita por essa motivação (Sartre, 1996: 241).

É por estar situada em certas circunstâncias que a consciência pode motivar-se a imaginar. Colocar o que não existe ou o que não está presente (que é a intencionalidade da consciência imaginante) só é possível para uma consciência que permanece no mundo, mas que não é uma mera coisa no mundo.[17] Imaginar (no caso da arte) é colocar o que não existe, mas isso que não existe é sustentado por uma consciência que permanece no mundo. Criar um irreal não significa se tornar irreal, pelo contrário. É a realidade concreta e individual que permanecerá como fundo e sustentará a ultrapassagem da consciência imaginante.[18] No exemplo da mulher que imita um cantor famoso, colocado no segundo capítulo de *O imaginário*, podemos ver como essa dinâmica das consciências ocorre: de início, vemos uma artista (Franconay), pequena, mulher, morena, colocar um chapéu de palha e imitar um homem. Eu observo, percebo os gestos e roupas dessa mulher, aprendo com eles (âmbito do real, da percepção) e tento entender quem ela está imitando. O que ocorre aqui é ainda "o chapéu da imitadora [que] remete a Chevalier" (Sartre, 1996: 45), e o movimento da consciência é, por meio da percepção dos signos, tentar chegar ao objeto imitado, que não está ali. No momento em que consigo compreender que a imitação se refere e remete a Chevalier, a estrutura da consciência se modifica. Eu reúno a percepção da imitadora, que está no palco, o saber das roupas e gestos do cantor e as emoções que sinto quando o vejo ou ouço cantar, e com essas consciências eu crio a imagem do que ali não está: e é quando o cantor, ausente, aparece; ou, em outras palavras, é quando a imagem se faz.

À imitação que primeiro percebo eu junto a afetividade que costumo ter por Chevalier e essas consciências motivam o aparecimento da consciência imaginante. É quando a imitação, feita por uma mulher que em nada se assemelha a Chevalier, passa a ter uma "natureza expressiva": quando passo da consciência perceptiva à consciência imaginante, juntando ao saber perceptivo a afetividade. Nesse momento,

> a relação do objeto à matéria de imitação é aí uma relação de possessão. Maurice Chevalier ausente escolhe, para manifestar-se, o corpo de uma mulher. Assim, originalmente,

um imitador é um possuído. Talvez seja necessário explicar por aí o papel da imitação nas danças rituais dos primitivos (Sartre, 1996: 49).

Temos, então, Chevalier ausente que possui o corpo real da imitadora, que se utiliza do corpo dela como *analogon* para surgir. Nessa mudança de estrutura operada pela consciência imaginante, deixo de observar a imitadora, deixo de perceber momentaneamente seu gesto como aquele que remete ao cantor; mas passo a "ver" (ou melhor, a quase-observar) o que não está presente. É a imagem de Chevalier que surge a partir do corpo dela, e é essa imagem que infesta a imitadora, de tal forma que saio do "mundo" real das remissões e signos e passo a estar diante do belo inexistente (da natureza expressiva, da arte), para estar diante do irreal que construo em conjunto com a artista.

O real, então, motiva e leva ao irreal no fluxo de minha consciência. Não se trata de uma relação causal, que eu meramente recebo; é um ato de minha consciência perceptiva e afetiva, a partir da situação real da imitadora, que faz o movimento em direção à imagem. Crio a imagem a partir do real, de tal forma que não poderia conceber uma imaginação que não fosse motivada pela percepção.[19] Mesmo a criação de um centauro se dá em uma situação concreta, em um ambiente no qual a consciência se encontra. A consciência que imagina cria o que não existe mantendo-se no que existe. É o que Sartre diz claramente em uma nota de rodapé que modifica a frase inicialmente colocada: no corpo do texto, o filósofo diz que a consciência imaginante convida a uma evasão do mundo, a uma fuga de nossa condição atual, mas na nota de rodapé desse trecho, ele acrescenta: "mais adiante, na conclusão, veremos que se trata apenas de uma aparência e que toda imagem, ao contrário, deve constituir-se 'sobre o fundo do mundo'" (Sartre, 1996: 179).

Se parece convidar a uma fuga de nossa condição atual, se cria um irreal, nem por isso a consciência imaginante deixa de estar em um real, em situações não escolhidas por ela. A separação estática entre percepção e imaginação traz, no pensamento sartriano, a necessidade de, concreta e dinamicamente, não isolar percepção e imaginação: o real motiva o aparecimento do que não existe ou não está presente.

Mas o caminho de volta também ocorre: não se trata apenas do movimento do real ao imaginário, mas também da volta do imaginário ao real. Para enriquecer essa imagem de Chevalier que surge, preciso voltar o tempo todo à imitadora real, e fico nesse ir e voltar de um modo de consciência a outro. Do mesmo modo, o quadro imaginado permanece não só a partir de, mas também sempre com a tela como pano de fundo. O real não desaparece na criação do imaginário, mas o motiva, e a ele este se volta.

> Desse ponto de vista, apreendemos por fim a ligação do irreal com o real. No princípio, mesmo que nenhuma imagem foi produzida nesse instante, toda apreensão do real como mundo tende por si mesma a completar-se pela produção de objetos irreais, pois ela é sempre, num certo sentido, nadificação livre do mundo, e isso sempre de um ponto de vista particular (...). Mas, reciprocamente, uma imagem, sendo negação do mundo de um ponto de vista particular, só pode rigorosamente aparecer sobre um fundo de mundo e em ligação com o fundo (Sartre, 1996: 241).

Pano de fundo que se mantém em ligação com o irreal, e um irreal produzido por uma consciência que permanece no mundo, dinamicamente não poderíamos, portanto, falar de percepção sem nos remeter à imaginação, e vice-versa. Perceber é um convite à criação do "sentido implícito do real" (Sartre, 1996: 244), dado pelo imaginário; e imaginar é voltar-se para o real e mantê-lo de uma forma distinta da percepção. Se, teórica e estaticamente, percepção e imaginação são duas atitudes irredutíveis da consciência, que não podem ser confundidas, concreta e dinamicamente, elas se motivam e se complementam: "Não poderia haver consciência realizante sem consciência imaginante, e a recíproca também é verdadeira" (Sartre, 1996: 245). O sentido implícito do percebido é dado pela consciência imaginante, que o ultrapassa; assim como o imaginado não se sustenta sem a situação concreta que o alimenta e o enriquece.

Desse modo, imaginar é colocar um nada (um não existente ou um não presente) que só se mantém por meio de uma consciência que permanece no real, que se motiva a partir dele, e que se volta a ele para lhe dar um sentido mais geral, afetivo e profundo: "A aparição de um amigo morto como irreal faz-se sobre o fundo de apreensão afetiva do real como mundo vazio desse ponto de vista" (Sartre, 1996: 241). Assim, dizer que "a obra de arte é um irreal" (p. 245) implica pensá-la não como alienação e fuga do real, mas como a criação de uma inexistência que permite compreender o real de forma mais afetiva, completa e complexa.

Em outras palavras, arte como imaginário não é alienação ou diversão, assim como arte como engajamento não é panfletagem: imaginário e engajamento se complementam nesse movimento de motivação entre as consciências perceptivas e imaginantes. Se ainda podemos chamar uma prosa de romance, de arte, é porque ela é uma criação imaginária, é porque as palavras colocadas em um papel não funcionam apenas como signo, mas funcionam também como *analogon* (como o que permite o surgimento da natureza expressiva do romance, assim como de Chevalier, no exemplo da imitação). E se até mesmo na prosa isso acontece, nas outras artes[20] esse movimento é mais explícito: a letra de uma música, junto com sua melodia, é um convite criado pelo músico para que nós façamos a passagem do real ao imaginário; assim como as cenas (imagens e sons, incluindo falas de personagens) projetadas em uma parede são um convite do cineasta para que operemos a mudança radical de estrutura da consciência.

O objeto concreto criado pelo artista (as palavras em um papel, a letra e a melodia, os sons e falas de uma cena, as pinceladas em uma tela) só se torna arte se for visto como um convite à passagem do real para o irreal, do concreto para o imaginário. Apenas quando os vemos como *analogon* (e não em si mesmos), ou melhor, apenas quando quase os vemos (quase-observação) é que nós, espectadores, compreendemos a natureza expressiva da criação artística. Permanecer no aspecto perceptivo é se manter em um primeiro momento, naquele em que a arte ainda não se constitui como tal, tal como o momento inicial da imitação, na qual ainda nos perguntávamos, diante da imitadora, quem seria o imitado, observando os sinais trazidos e imitados por ela. É necessário um outro movimento, estaticamente distinto do perceptivo, para que o sentido da imitação seja satisfeito: é preciso que, a partir desse *analogon* e de minha afetividade, eu crie o irreal, eu faça o que não está presente (ou não existe) surgir como sentido mais forte do existente. Não é por acaso que Sartre utiliza a palavra "possessão": Chevalier, não presente, infesta, invade o corpo da imitadora. E é só nesse instante que o sentido da imitação se dá. Sem essa passagem, considerando apenas os aspectos visíveis, fazemos apenas a junção dos gestos e caricaturas, sem chegar ao sentido total.[21]

O caráter imaginário da obra de arte[22] não é, assim, um caráter alienante, descolado totalmente do real, mas se complementa com o aspecto engajado, que não é meramente um dizer que diz apenas "o que" diz. Mesmo quando tem um aspecto referencial, como é o caso da prosa, a arte não se confunde com um texto filosófico, teórico, jornalístico ou de propaganda partidária; e essa não confusão se dá nessa passagem necessária do real para o irreal, nessa mudança radical da estrutura da consciência. Se abolimos esse movimento, eliminamos o sentido mesmo de criação do inexistente e a importância dessa criação artística.

Assim, podemos dizer que, no pensamento de Sartre, a arte é essencial porque se difere do real, e, nessa diferença, permite o alcance de um sentido implícito, mais profundo e afetivo do real como um todo. Mas para que isso seja possível, é necessária a conversão radical da estrutura da consciência, ou a passagem do modo perceptivo para o modo imaginário. Nessa passagem é que as nossas emoções são emprestadas ao *analogon* real, possibilitando o surgimento do que não existe, do belo artístico. O aspecto político da arte vem justamente de seu aspecto imaginário: é por se estabelecer no irreal que o objeto estético é capaz de trazer esse novo e mais complexo sentido ao real. É na diferença e no distanciamento que o imaginário traz novos sentidos e emoções ao percebido.

Podemos então dizer que a arte, imaginário e engajamento, não pode se confundir com um panfleto, uma propaganda político-partidária ou empresarial, nem mesmo com um ensaio teórico. Mas também podemos dizer que a conversão radical exigida para a formação da arte não pode ser confundida com uma alienação ou uma abstração completa da realidade. Pelo contrário: o caráter imaginário e o caráter engajado se complementam e só fazem sentido nessa relação necessária um com o outro. Manter as ambiguidades, o estilo, as metáforas, o aspecto criativo[23] é a maneira pela qual a arte reclama sua importância e sua diferença.

Ignorar esses aspectos, as passagens e diferenças, ver na obra de arte apenas o conteúdo, sem considerar a forma e a doação de nossas emoções na construção do irreal, seria, para Sartre, eliminar a importância e a necessidade da arte. Se olhamos para uma arte sem operar a conversão radical para o imaginário, se a olhamos do mesmo modo como olhamos uma propaganda ou um panfleto, então não constituímos propriamente um objeto artístico, não alcançamos a beleza, que é o sentido total e implícito do mundo.

E é isso que vem acontecendo de modo cada vez mais forte no Brasil:[24] o filme *Bacurau* é visto como panfleto contrário ao presidente; a música "Mulheres" é ouvida como justificativa de machismos reais, assim como um quadro que retrata uma cena de pedofilia é visto como apologia real à pedofilia. Para não continuar esse movimento que destrói a importância da arte, é preciso escrever o óbvio: uma cena de estupro em um filme não significa uma justificativa de um estupro real. Um filme é um filme, não a realidade, com a qual conversa, à qual dá sentido, mas com a qual não se confunde. Estabelecer essa confusão é não compreender como a arte pode dar um sentido outro ao real, sendo política (em sentido amplo) justamente nesse movimento. Empobrecemos a arte ao dizer apenas que ela é pró ou contra um político ou uma ideologia, ignorando todos os aspectos de "estilo" que faz daquele *analogon*, arte.

Se queremos continuar a defender a importância da arte, não devemos reduzi-la a um Fla x Flu ou a um Bolsonaro x Lula, mas devemos, urgentemente, trazer para a discussão os aspectos artísticos, a forma junto com o conteúdo, o sentido outro e profundo, as emoções que são doadas, o irreal que é criado a partir dos aspectos reais.

Nesse sentido, para terminar, talvez seja interessante destacar também a figura de um intelectual brasileiro, Antonio Candido, para mostrar como essa ligação entre o belo e o político pode ser feita. Mesmo que a discussão colocada no livro *Literatura e sociedade* seja outra, podemos considerá-la para nossa questão. Ali o debate era sobre uma noção causal de literatura (o contexto determina o texto) e uma noção estruturalista (texto como independente do contexto), e a resposta de Candido é a de mostrar como não se trata de optar por uma dessas noções, mas de compreender como, sem causalidades, existe uma relação necessária entre a deformação operada pelo artista e o real:

> Hoje sabemos que a integridade da obra não permite adotar nenhuma dessas visões dissociadas; e que só podemos entendê-la fundindo texto e contexto numa interpretação dialeticamente íntegra, em que tanto o velho ponto de vista que explicava pelos fatores externos, quanto o outro, norteado pela convicção de que a estrutura é virtualmente independente, se combinam como momentos necessários do processo interpretativo. Sabemos, ainda, que o *externo* (no caso, o social) importa, não como causa, nem como significado, mas como elemento que desempenha um certo papel na constituição da estrutura, tornando-se, portanto, *interno* (Candido, 1976: 4).

O real importa e se relaciona com o irreal, mas não de forma causal e direta, mas em uma deformação (ou criação, poderíamos dizer) operada pelo artista. É no próprio texto (ou pincelada, ou projeção etc.) que o sentido (não o significado nos moldes signo-significado, como mera referência) surge; ou, como Sartre dizia em *Que é a literatura?* que a "emoção se faz carne". Desse modo, é fazendo uma "leitura estruturalista" da arte, considerando seus aspectos artísticos, metafóricos, imaginários etc., que o real aparecerá, e não por uma associação referencial direta, atropelando o texto para se chegar ao contexto.

É essencial, continua Antonio Candido (1976: 12), "ter consciência da relação arbitrária e deformante que o trabalho artístico estabelece com a realidade" de modo que não deveríamos, para compreender bem o filme, a música, o quadro, o romance etc., simplesmente aferi-los com a realidade. Existe um trabalho de criação, deformação, de liberdade da imaginação que é o que constitui a arte como arte. Defendê-la é, em primeiro lugar, compreender a necessidade dessa conversão deformadora. Sem isso, ironicamente, ajudaremos na realização do projeto que pensamos combater.

Notas

1 É complicado utilizar de modo simplista a oposição esquerda/direita, mas é com base nesse simplismo que os discursos se colocam. Então, adotarei, neste capítulo, o modo como cada grupo fala sobre si mesmo, anotando, porém, que essa classificação isolada pouco se sustenta, e que, pelo menos, é preciso considerar uma série de outras perspectivas para compreender, de forma mais complexa, a sociedade.

2 A versão de Doralyce e Silvia Duffrayer pode ser consultada em https://www.youtube.com/watch?v=klnlPtOaqSs (acessado em 19/3/2020).

3 Em entrevista posterior, Sartre chegará a dizer que essas são propriamente a arte, enquanto a prosa, justamente por utilizar a linguagem no esquema signo-significado, ficaria entre a arte no sentido pleno e a filosofia: "*Je voulais une Esthétique où l'art littéraire figurerait, mais dans ses rapports avec les autres arts; car pour l'essentiel la littérature dit ce qu'elle a*

à dire par des signes, sans jamais devenir un ensemble de symboliques non signifiant – ce que peut être la peinture –, et ne s'introduit donc dans l'esthétique que par un de ses côtés. Par contre, les autres arts: peinture, musique, sculpture, peut-être, créent l'esthétique, c'est-à-dire une certaine manière de présenter un objet qui soit beau" (Sartre, 1981: 15).
4 Isso também não significa estabelecer uma hierarquia entre as artes. A prosa não é melhor porque é engajada. Logo no início de *Que é a literatura?*, Sartre mostra o quanto o quadro *Guernica* não é engajado, o que não significa, porém, ser menos importante. Afinal, nele, "alguma coisa foi dita que não se poderá jamais ouvir e que exigiria uma infinidade de palavras para expressar" (Sartre, 2004: 12).
5 Sem se referir a uma essência, ou natureza, Sartre diz, porém, que é possível falar em "condição humana", em uma situação comum a todos, que é nascer, viver em um mundo, junto com os outros, trabalhar e morrer. Para isso, cf. Sartre, *O existencialismo é um humanismo.*
6 O que não significa que essa escolha se dê de forma abstrata, absoluta no sentido de ignorar as facticidades e o peso dos outros. Ser responsável por nossas escolhas significa assumir o papel da subjetividade, admitir que, mesmo na alienação, não deixamos de ser humanos. "Recusamos confundir o homem alienado com uma coisa e a alienação com as leis físicas que regem os condicionamentos de exterioridade" (Sartre, 2002: 77).
7 Escolha aqui não é deliberação, mas ação. Cf. Sartre, *O ser e o nada.*
8 O que é estranhamente ignorado por muitos comentadores que reduzem o engajamento à questão partidária e ativista.
9 Própria às artes, ao irreal, ao imaginário, como falaremos um pouco depois.
10 *Beaucoup de jeunes gens aujourd'hui n'ont aucun souci du style et pensent que ce qu'on a à dire il faut le dire simplement, et puis c'est tout. Pour moi, le style – qui n'exclut pas la simplicité, au contraire – est d'abord une manière de dire trois ou quatre choses en une. Il y a la phrase simple, avec son sens immédiat, et puis, dessous, simultanément, des sens différents qui s'ordonnent en profondeur. Si l'on n'est pas capable de faire rendre au langage cette pluralité de sens, ce n'est pas la peine d'écrire.*
11 – *Vos manuscrits philosophiques sont écrits au fil de la plume, presque sans ratures; vos manuscrits littéraires, au contraire, sont extrêmement travaillés, épurés. Pourquoi cette différence?*
– *C'est la différence des objets: en philosophie, chaque phrase ne doit avoir qu'un sens. Le travail que j'ai fait sur* Les Mots, *par exemple, en essayant de donner à chaque phrase des sens multiples et superposés, serait du mauvais travail en philosophie. Si j'ai à expliquer ce qu'est, mettons, le pour-soi et*

l'en-soi, cela peut être difficile, je peux utiliser différentes comparaisons, différentes démonstrations pour y arriver, mais il faut en rester à des idées qui doivent pouvoir se refermer: ce n'est pas à ce niveau-là que se trouve le sens complet – qui, lui, peut et doit être pluriel au niveau de l'ouvrage complet –, je ne veux pas dire, en effet, que la philosophie, comme la communication scientifique, soit univoque. En littérature, qui a toujours, d'une certaine façon, affaire au vécu, rien de ce que je dis n'est totalement exprimé par ce que je dis. Une même réalité peut s'exprimer d'un nombre de façons pratiquement infini. Et c'est le livre entier qui indique le type de lecture que chaque phrase requiert, et jusqu'au ton de voix que cette lecture à son tour requiert, qu'on lise à haute voix ou non.

12 Em uma leitura que adapta a concepção husserliana a um realismo. Para isso, ver diversos comentadores contemporâneos, tais como Frajoliet, Mouiilie e Coorebyter.

13 Imagens utilizadas por Sartre no pequeno artigo "Uma ideia fundamental da fenomenologia de Husserl: a intencionalidade" para dar conta do que não é uma coisa pensante. Cf. *Situations I.*

14 No sentido de que toda consciência é tética, para Sartre. Além disso, ela é sempre consciência não tética de si. Para isso, cf. Sartre, *O ser e o nada*, Introdução.

15 Exemplo utilizado por Sartre.

16 Sartre afirma que não é correto dizer que existe um mundo irreal, dado que mundo implica justamente uma organização que não existe necessariamente no irreal (o irreal não obedece às leis de perspectiva, temporais etc.). É preciso, portanto, entender esse mundo apenas como uma imagem aproximativa.

17 Aqui Sartre segue a distinção heideggeriana de ser-no-mundo e ser intramundano. A consciência não está no meio do mundo, tal como as coisas, mas é um ser-no-mundo.

18 Nesse sentido, o personagem Roquentin, do livro *A náusea*, mantém a ilusão de que a arte poderia salvar-se. O que ele não compreende é que um autor de romance cria um romance irreal, imaginário, necessário, mas que isso não transforma o autor em um ser necessário. A contingência, a concretude permanecem.

19 E aqui é importante insistir na palavra "motivação". A repetição excessiva dessa palavra tem um sentido: de insistir que esse fluxo de consciência não ocorre de forma causal-determinista, mas como um convite à formação de um outro modo de consciência, que pode ou não se concretizar, a depender do ato da própria consciência.

20 Artes do sentido, que não se expressam por meio da referência signo-significado.

21 Para utilizar uma mesma imagem de *Esboço para uma teoria das emoções*, "é tão impossível atingir a essência amontoando os acidentes quanto chegar à unidade acrescentando indefinidamente algarismos à direita de 0,99" (Sartre, 2006: 17). Do mesmo modo, não é juntando uma percepção à outra que chego à unidade, ao sentido implícito e total.
22 A partir de outras bases teóricas, poderíamos dizer também caráter imagético, mimético, simbólico etc. Tanto faz para o interesse principal deste capítulo: mostrar que existe uma passagem que permite distinguir real de irreal, e que obra de arte não pode ser considerada sem que essa passagem seja compreendida.
23 E isso vale tanto para o artista quanto para o público. Como já dito, para Sartre, a arte não pode ser reduzida ao momento da criação de um "gênio", mas depende também do momento de recepção, que não é meramente passivo, mas que constrói a obra tanto quanto o artista.
24 Não só no Brasil, se pensarmos nos movimentos de cancelamentos de filmes de Woody Allen, por exemplo.

Referências

BACURAU. Direção de Kleber Mendonça Filho e Juliano Dornelles. Produção: Saïd Ben Saïd, Emilie Lesclaux, Kateryna Merkt, Michel Merkt, Olivier Père, 2019 (132 min.).

CANDIDO, A. *Literatura e sociedade*. São Paulo: Nacional, 1976.

COOREBYTER, V. *Sartre avant la phénoménologie*. Bruxelles: Ousia, 2005.

DORALYCE; DUFFRAYER. *Mulheres*. Disponível em: https://www.youtube.com/watch?v=klnlPtOaqSs (acessado em 16/4/2020).

FRAJOLIET, A. *La première philosophie de Sartre*. Paris: Honoré Champion, 2008.

GERAES, T. *Mulheres*. Disponível em: https://www.youtube.com/watch?v=Dy66LbNvDiM (acessado em 16/4/2020).

MOUILLIE, J.M. *Sartre et la phénoménologie*. Lyon: ENS Éditions, 2001.

PERASSOLO, J. "A arte é mais política do que qualquer movimento político". *Folha de S.Paulo*, 10/10/2018. Disponível em: https://www1.folha.uol.com.br/ilustrada/2018/10/a-arte-e-mais-politica-do-que-qualquer-movimento-politico-diz-ai-weiwei.shtml (acessado em 16/4/2020).

PIMENTA, E. "Claro que arte pode ser política". Entrevista com Ai.Weiwei. *Época*, 18/10/2018. Disponível em: https://epoca.globo.com/claro-que-arte-pode-ser-politica-diz-artista-chines-ai-wei-wei-23163693 (acessado em 16/4/2020).

SARTRE. *A náusea*. 10ª ed. Rio de Janeiro: Nova Fronteira, 2000.

______. "Autoportrait a soixante-dix ans". *Situations X*. Paris: Gallimard, 1976.

______. "Conferência do Mackenzie". *Revista Discurso*, n. 16, 1987. Disponível em: http://www.revistas.usp.br/discurso/article/view/37918 (acessado em 16/4/2020).

______. *Esboço para uma Teoria das Emoções*. Porto Alegre: L&PM, 2006.

______. *O existencialismo é um humanismo*. Petrópolis: Vozes, 2012.

______. *O imaginário*. São Paulo: Ática, 1996.

______. *O ser e o nada*. Petrópolis: Vozes, 1999.

______. "Penser l'art". Entretien entre Sartre et M. Sicard. *Revue Obliques*, n. 24/25, 1981.

______. *Que é a literatura?* São Paulo: Ática, 2004.

______. *Questões de* método. Rio de Janeiro: DP&A, 2002.

______. "Une idée fondamentale de la phénoménologie de Husserl: l'intencionnalité". *Situations I*. Paris: Gallimard, 1973.

SILVA, F. *Ética e literatura em Sartre*. São Paulo: Unesp, 2004.

SOUZA, T. "Do engajamento literário ao engajamento político: desafios a partir do pensamento sartriano". In: MOURA, A; TEDEIA, G; ALMEIDA, M. (orgs). *Filosofia, política & engajamento*. São Paulo: Alameda, 2018.

______. "Arte na filosofia de Sartre: tensão entre imaginação e engajamento". *Revista Kínesis*, vol. VIII, n. 18, 2016. Disponível em: https://revistas.marilia.unesp.br/index.php/kinesis/issue/view/456 (acessado em 16/4/2020).

A saída do nada: um problema da estética sartriana

Dominique Chateau

Podemos abordar a estética de um filósofo por muitos vieses: o da sua filosofia, questionando-nos sobre quais prolongamentos ela pode ter no domínio estético; o de suas incursões explícitas nesse domínio, questionando-nos se elas constituem um conjunto mais ou menos sistemático; o das considerações que o autor oferece sobre esse ou aquele objeto da estética, por exemplo, esse ou aquele *médium*[1] artístico; enfim, o de suas descrições, apresentações, análises de obras ou de fenômenos considerados sob o ângulo estético. É claro que se pretendêssemos aprofundar a respeito de Jean-Paul Sartre o conjunto desses vieses, deveríamos sem dúvida ter em vista um grande livro em vez de um modesto artigo. Eu me contentarei aqui modestamente, portanto, em considerar a maneira com a qual a estética sartriana ao mesmo tempo exemplifica e modula o tema da saída do nada. Não é esta uma ocasião para abandonar os vieses que eu acabo de enumerar, mas, em vez disso, para os reorientar em torno de um problema que é tão crucial quanto é um dos temas fundamentais, senão o mais fundamental de sua ontologia.

O existencialismo é um humanismo propõe a mais marcante expressão da saída do nada: o homem "não é nada de início", só se torna alguma coisa ao se fazer e "não é nada mais do que aquilo que ele se faz" (Sartre, 1968: 22). Essas afirmações são acompanhadas por um viés relativo ao debate adquirido e inato que repousa sobre um postulado ateu:

"(...) não há natureza humana, já que não há Deus para concebê-la." Podemos dissociar essas afirmações, considerando que a segunda é uma profissão de fé (se é possível assim dizê-lo), enquanto a primeira pode ser objeto de argumentação, notadamente pensando no desenvolvimento recente da genética que reequilibrou um debate antes inclinado, sob a influência das ciências humanas, ao adquirido. A genética não prova a existência de Deus, mas ela mostra que há o inato em cada um de nós e certas constantes que os seres humanos partilham (algo como uma natureza humana ou, melhor, como naturezas diversificadas).

Por esse lado do debate, a posição de Sartre parece superada em seu radicalismo, mas podemos considerar que essas teses filosóficas ou estéticas não são invalidadas apenas por esse fato. Ele descreve uma situação por certo hipotética do homem (no sentido neutro do humano), mas é uma situação crucial em sua generalidade. A filosofia sartriana baseia-se na crítica das abordagens oriundas das ciências humanas que levantam diante da compreensão do homem a cortina das predeterminações de todas as ordens; ao contrário, ele preconiza *captar o homem em situação*, isto é, no estado de contingência – o fato de poder ser ou não ser – que é sua condição inicial e isso com vistas ao desafio de superá-la, ou seja, à escolha fundamental que o homem deve fazer de seu ser. Essa escolha que ele faz e que o faz é o seu "projeto original", no qual Pierre Bourdieu vê a forma "mais consumada" do "pensamento *antigenético*" (Bourdieu, 1980: 84, nota 28).

Paradoxalmente, essa descrição do homem em situação ecoa em certas experiências que nós podemos ter no curso de nossa vida. Por certo, Sartre toma-nos, abstraindo toda transcendência (natureza, Deus, sociedade etc.), como se nós devêssemos a cada momento tudo inventar, tudo reinventar, simultaneamente, em nossa relação com a exterioridade e na nossa interioridade; ora, há boas razões para pensar que esse tipo de virgindade prévia não caracteriza o conjunto de nossas atitudes nem de nossas decisões, as quais estão mais provavelmente associadas a encontros previsíveis e mais plausivelmente ditados por padrões interiorizados, sequências rotineiras, que nós ativamos imediatamente e sem ter que decidir o que quer que seja. Mas Pierre Bourdieu que, ademais, se opõe à virgindade prévia com sua noção de *habitus*, chamou a atenção em *O sentido prático* sobre a utilidade das teorias de Sartre, ainda que apenas para refletir sobre "a ideia de que a ciência do homem se faz do homem, isto é, do objeto, mas também do sujeito da ciência" (Bourdieu, 1980: 77). Podemos transpor essa observação ao nosso tema chamando a atenção para o fato de que Sartre, em razão de seus axiomas filosóficos e para além do seu radicalismo, nos transmite, por sua estética, uma certa ideia do homem, mesmo se sua contribuição originalmente concernia aos casos, sem dúvida raros, em que nós devemos fazer uma escolha crucial, mais do que às miúdas ocupações da vida cotidiana.

Refletindo sobre a consciência em continuidade a Husserl, ele descreve o momento fundamental de nossa relação imediata, bruta, virgem com o real, que ele chama de "consciência posicional":

> Uma mesa não está *na* consciência, mesmo a título de representação. Uma mesa está *no* espaço, ao lado da janela etc. (...) A primeira abordagem de uma filosofia deve ser, portanto, a de expulsar as coisas da consciência e restabelecer a verdadeira relação desta com o mundo, a saber, que a consciência é consciência posicional *do* mundo. Toda

consciência é posicional na medida em que ela se transcende para atingir um objeto, e ela se esgota nessa posição mesmo (Sartre, 1943: 17-18).

Tem-se aí, na mais simples das relações com as coisas, o primeiro momento da saída do nada. Eu estou diante do real; eu posso congelar-me nele e suportar a inércia da matéria, sendo a minha *práxis* então bloqueada naquilo que o filósofo chamará de "prático-inerte". É a primeira escolha a se fazer, e a ideia de consciência posicional exprime, ao contrário, o esforço da consciência de ser para se transcender, extirpando-se da contingência. A recusa de toda representação prévia é evidentemente inverossímil. A situação em que se encontra o homem não é a de uma escolha pura no vazio de um universo indiferenciado, mas uma situação cheia, saturada, ao mesmo tempo em objetos, em representações materiais e em diversos tipos de representações mentais, em que a maior parte das escolhas já está dada.

Todavia, considero que em *A subjetividade no cinema* (Chateau, 2011) a ideia de consciência posicional poderia sugerir a de "câmera posicional" e que esta remeteria pertinentemente à maneira com a qual um artista como Robert Bresson apreende o real que ele filma. É necessário, ele preconizava, ir não da causa ao efeito, isto é, do drama à representação, mas do efeito à causa, o que significa que a câmera em lugar de ser o agente dócil de uma transcendência plena predeterminada pela intriga, pela narrativa e pela psicologia, nos faz descobrir inicialmente o real tal qual, em ato e, progressivamente, o transcende para desenvolver o drama. Saímos do nada pela porta do real bruto. Tropeçamos nele de início, como sobre o primeiro degrau de uma escada que ainda não reconhecemos. Em seguida, vem o sentido...

Essa ideia aplicável ao cinema é transponível a outras artes? Vão elas todas também *dos sentidos ao sentido*? À primeira vista, seríamos tentados a responder afirmativamente, esperando com isso manter a ilusão de uma coerência da estética sartriana, se Sartre não chamasse a atenção para a disparidade das artes: elas apresentam muitos planos que, à maneira das "semelhanças de família", de Wittgenstein, as diferenciam no seio da grande categoria da arte. Se a questão da relação à existência é um aspecto fundamental da filosofia de Sartre e de sua estética, a maneira de vislumbrá-la não é uniforme, mas sujeita à variação em função da especificidade de cada arte. O cinema é aparentemente a arte mais próxima da preocupação existencial, em virtude da sua natureza de arte da reprodução (para evocar Walter Benjamin). Porém, Simone de Beauvoir sublinha em *A força da idade*: "É olhando passar as imagens em uma tela que ele [Jean-Paul] teria tido a revelação da necessidade da arte e que ele teria descoberto, por contraste, a deplorável contingência das coisas dadas" (Beauvoir, 1960: 53).

Não é pouca coisa: o cinema seria um contraexemplo da contingência. Na verdade, Sartre pensava que, no filme, os jogos estão feitos antes que ele comece, o destino dos personagens já está totalmente traçado – como sugere o único dos seus projetos cinematográficos que foi finalizado, o roteiro *Os jogos estão feitos* (Jean Delannoy, 1947). Com isso, podemos sublinhar, portanto, "a que ponto a filosofia existencialista reivindicada por certos artistas ou críticos foi desviada", visto que as obras, na estética embrionária de Sartre, "não são o reflexo do real, mas seu contrário perfeito, a presentificação de um irreal" (Lageira, 1996: 125), tanto quanto seria imprudente devolver ao seu pensamento, senão à sua filosofia, os filmes da *Nouvelle Vague*, do cinema direto ou todos aqueles que exaltam a contingência da vida. Talvez a *Nouvelle Vague* fosse sartriana, senão por um mal-entendido, ao menos por se inspirar em sua filosofia contra sua própria concepção do cinema.

Quanto aos panoramas dos *médiums* que os artistas mobilizam, o principal critério da distinção das artes, ao menos a fronteira possível entre as artes plásticas e a literatura, passa para Sartre essencialmente pela diferença entre o mundo das coisas e o mundo dos signos. Ele pensa com isso principalmente no artista plástico para quem a cor é uma coisa, em conformidade com a reivindicação moderna segundo a qual a materialidade da pintura prima pelas representações (ver as célebres declarações de Maurice Denis). O bruto real da pintura é a pintura. É por ela que o pintor sairia do nada. Pode-se transformar o verde ou o vermelho em signo, como na linguagem das flores, mas não para se comportar como artista para quem "a cor, o buquê, o tintilar da colher sobre o pires são *coisas* em grau supremo"; é então a sua qualidade que o pintor "vai transportar sobre a tela e a única modificação que ele a fará suportar é que ele a transformará em objeto *imaginário*" (Sartre, 1975: 60-61). Sartre dá o exemplo do Tintoretto, cujo "rompimento amarelo do céu acima do Calvário" não é nem signo de angústia, nem céu amarelo, mas "*é* angústia, e céu amarelo ao mesmo tempo".

Decididamente, Sartre tem um problema com as representações prévias, sejam elas as representações mentais que participam do *habitus* ou as representações materiais. Sua recusa abre caminho para uma concepção da saída do nada como jorro do original em que tudo se forma de uma só vez unicamente pela decisão do artista. Representaríamos o querer ser, não o inverso. Não se trata, todavia, de exaltar a vontade por si mesma em uma ótica schopenhaueriana ou nietzschiana, senão, ao que parece, quanto à exceção da poesia pura, a de Mallarmé:

> Uma Poesia pura recusará o concurso de toda circunstância empírica, mas ela deverá nascer da pura representação dela mesma tal como o ato puramente moral se determina pela simples representação da lei: a Poesia requer a autonomia da vontade poética. Eu chamo de vontade pura ou autonomia, em poesia, uma vontade que se quer universalmente e absolutamente recíproca (Sartre, 1986: 127).

Ocorre que essa poesia pura pretende realizar o desprendimento dos tipos de representações que geralmente contaminam a literatura, mas também a ligam à contingência no que ela tem de mais simples. Bem perspicaz, todavia, aquele que dirá se a contingência se aninha nas "coisas da vida", mais do que no caráter bruto de um *médium* artístico. A arte bruta joga nos dois planos de uma maneira totalmente demonstrativa.

Podemos abraçar perfeitamente uma tendência oposta à crítica sartriana da representação (não é o lugar para expô-la aqui)[2] e nos unir ao autor em sua potente tese estética segundo a qual o sentido de uma configuração plástica é inseparável dela, a de uma melodia, indissociável de sua substância musical, "à diferença de ideias que podem ser veiculadas de diferentes maneiras" (Sartre, 1975: 62). Porém, ainda podemos perguntar-nos se essa inseparabilidade entre signo e sentido não caracteriza também a expressão linguística, ao menos quando ela não é prosaica, no sentido veicular, mas poética. Em *Les Temps Modernes*, por ocasião de uma série de artigos publicados a partir de fevereiro de 1947, *Que é a literatura?*, Sartre escreve que "a literatura moderna (...) é um câncer de palavras", ao passo que uma frase contundente resume sua posição: "a função de um escritor é chamar um gato de gato" (Sartre, 1975: 304). Esse apelo em favor da "significação clara" da prosa contra a obscuridade da "prosa poética" (p. 305) contrasta com sua própria experiência da escrita tal como ele a desenvolveu e, notadamente, com o acoplamento do filosófico e do literário que, desde o início, caracterizou de maneira singular a sua obra. Não é que ele se envolva em acrobacias literárias sistemáticas, mas sua ontologia, a de *Ser e o nada*, está intimamente associada a uma meditação literária, a de *A náusea*, em que as teses filosóficas aparecem transfiguradas por um exercício magistral de *prosa poética*:

> Minha mão está contraindo o cabo da faca de sobremesa. Eu *sinto* esse cabo de madeira preta. É minha mão que o segura. Minha mão. Pessoalmente, eu deixaria antes essa faca em paz: para que afinal sempre tocar em alguma coisa? Os objetos não são feitos para que os toquemos. É muito melhor deslizar entre eles, evitando-os tanto quanto possível. Às vezes, agarramos um na mão e somos obrigados a largá-lo o mais rápido possível. A faca cai no prato. Com o barulho, o senhor de cabelos brancos estremece e olha para mim. Pego a faca de volta, apoio a lâmina na mesa e a curvo. Então é isso a Náusea: essa evidência cegante? (...) Eu existo – o mundo existe (...). Isso é tudo. Mas isso me é indiferente (Sartre, 1965 [1938]: 169-170).

Aí, as palavras e os sentidos ficam como que colados umas aos outros. Encontramos nisso a mesma coalescência do céu amarelo e da angústia em um quadro de Tintoretto. Na verdade, a escrita filosófica de Sartre manifesta ela própria uma constante preocupação estética em oposição à postura que a maioria dos filósofos reivindica. Ele será reprovado por isso, ao menos por certos funcionários da *philosophia perennis*. Além do prazer de ler que se extrai de seus livros (ao contrário de tantas filosofias rebarbativas, de uma severidade pesada – o livro que cai das mãos por não deleitar o espírito!), Sartre exemplifica uma fusão da expressão e do sentido de onde surge outra questão crucial: separemo-los, o pensamento resiste? É, sem dúvida, nesse extremo da interrogação estética, melhor ainda quando, em vez de exprimi-la, ele sugere colocá-la em prática, que a contribuição de Sartre é inegável. Os textos resistem às discussões que suas teses suscitam. Insensivelmente, seu autor nos traz de volta ao ponto original em que o diálogo se apaga por trás do fato da obra, isto é, do fato de que a obra é o ponto de partida, e não o fim – como o diz Merleau-Ponty, "é a própria obra que abriu o campo onde ela aparece em um outro dia, é ela que *se* metamorfoseia e se *torna a continuação* (...)" (Merleau-Ponty, 1964: 62).

Aprofundada ao longo de sua obra, uma das grandes obsessões de Sartre, como digno herdeiro de Hegel, é o devir, o movimento. Daí a rejeição daquilo que precede, prepara, prefigura, preconcebe etc. Mesmo Tintoretto não escapara a essa maneira de esclarecer a saída do nada antes que ela ocorra. Seis anos antes do "Sequestrado de Veneza", que figurará nas *Situações IV*, por ocasião de uma viagem à Itália no outono de 1951, Sartre expressa algumas reticências em relação ao seu pintor preferido, ao que parece, em que novamente vem aflorar a questão da representação, sob a espécie dos enquadramentos preestabelecidos da figuração:

> Eu gostaria de falar desse pintor e então eu não gosto mais dele. (...) Essa natureza louca, sinistra, essas luzes, esses movimentos estranhos, essas fugas e todas essas tentativas

> de romper o molde espacial e temporal do quadro, para fazer entrar o tempo no quadro e o movimento *adiante*. Sim, mas justamente é um esforço gigantesco e técnico em uma visão convencional e naturalista (Sartre, 1991: 143).

Trata-se de censurar ao artista a inscrição nos âmbitos culturais em que ele se banha sem ter a possibilidade, como será o caso no banho da arte moderna, de usar uma permissão qualquer (ou incitação) para transgredir. O filósofo da saída do nada, que, inicialmente, censura inutilmente um pintor que ele ama por comprometer sua criação plástica com uma convenção pictórica aliada ao predomínio alienante de um gênero pictórico, ulteriormente encontra razões para trazê-lo de volta ao seio estético no qual, além das representações prévias, por desvio e por excesso, se gostaria de pensar que o artista se inventa: "seus procedimentos chocavam os contemporâneos", "é censurado (...) por trabalhar demasiado depressa e por deixar ver sua mão em todos os lugares", "é um monstro, um defeito" etc. (Sartre, 1964: 301 ss).

Não há dúvida de que a liberdade do artista começa com a emancipação perante os quadros representacionais que ele herda e que servem para avaliar a obra. Ora, isso é bem uma exceção? O artista teria um privilégio que o separa do resto da humanidade totalmente sujeita a códigos predefinidos. *O existencialismo é um humanismo* dissuade-nos de pensar assim, não sem introduzir um ricochete preocupante na busca da especificidade estética (no que concerne à arte):

> Alguém já criticou um artista que faz um quadro por não se inspirar nas regras estabelecidas *a priori*? Alguém já disse qual é o quadro que ele deve fazer? É claro que não há uma pintura definida a fazer, que o artista se engaja na

> construção de seu quadro e que o quadro a ser feito é exatamente o quadro que ele terá feito. (...) Ninguém pode dizer o que será a pintura de amanhã: só podemos julgar a pintura uma vez feita. Que relação tem isso com a moralidade? Nós estamos na mesma situação criadora. (...) O que há de comum entre arte e moralidade é que, em ambos os casos, temos criação e invenção (Sartre, 1964: 76-77).

Vemos aqui como se aplica ao domínio estético a ideia ontológica e ética do *homem que se faz* a partir do nada. Não podemos deixar de nos impressionar, no entanto, pelo deslizamento operado aí em direção ao artista em favor de uma analogia entre a arte e a moral. Ao mesmo tempo que esta última ganha seu posto na ordem da criação, a especificidade artística se enfraquece. Todavia, se o artista e o homem se fazem, se criam, o primeiro acrescenta alguma coisa que o segundo não é obrigado a fornecer: a obra. E é necessário entender com isso não somente alguma coisa que se produz, mas alguma coisa que é tomada para uma exemplificação da ideia artística – a obra de arte, portanto (que é sempre também, como sublinha Gérard Genette, a *obra de arte*).[3] Assim, a meu ver, a questão estética, ao lado da filosofia da arte, convoca dois pontos de vista convergentes, mas distintos, o do *obrado* [*œuvré*] e o do *obrador* [*l'œuvrant*]: a obra e o artista.

Consideremos, para avançar nessa via, a distinção fina proposta por Paul Valéry entre o registro poético e o registro estésico.[4] O segundo, de início, marcado pelo "s" de *estésico* que visa a distinguir esse registro do estético (que engloba os dois registros), concerne à sensibilidade, à recepção, ao gosto. Sem entrar excessivamente no detalhe a esse respeito, podemos observar, todavia, que, quando Sartre o aborda em *O ser e o nada*, é notável que a mesma preocupação com o movimento, o devir já sublinhado (sob influência, sem nenhuma dúvida, hegeliana) guia seu discurso – por exemplo:

> O viscoso é a agonia da água; apresenta-se como um fenômeno em devir, ele não tem a permanência na mudança da água, mas ao contrário, ele representa como um corte operado em uma mudança de estado. Essa instabilidade fixa do viscoso desencoraja a posse. A água é mais evasiva, mas podemos possuí-la no seu vazamento mesmo, enquanto evasiva. O viscoso vaza de um vazamento espesso que se assemelha ao da água, como o voo pesado e rasteiro da galinha se assemelha ao de um gavião (Sartre, 1943: 669).

Ainda um belo exemplo de coalescência da palavra e do sentido, até se deixar levar à metáfora! Esse discurso estésico, em todo caso, faz-nos virar para a objetividade de uma matéria que tem certas propriedades, longe de a consciência poder criá-las. Podemos considerar que a filosofia de Sartre, tendo evoluído progressivamente em direção ao materialismo dialético, com a *Crítica da razão dialética* (1960), fez com que a saída do nada da primeira ontologia tenha dado lugar a uma *práxis* transformadora pela qual um corpo material opera sobre a matéria que o circunda. Porém, mesmo no âmbito dessa evolução, "a única *práxis* constituinte é a *práxis* individual" (Cabestan, 2002: 58). O artista é mestre da matéria, do estésico, na medida em que ele se investe individualmente em uma poética artística.

Esse plano poiético diz respeito (para Valéry) a dois aspectos da atividade artística, até mesmo da atividade humana em geral: a fabricação e a ação. A fabricação coloca o artista frente a frente com o material a ser transformado e mobiliza ferramentas, a técnica. Estamos do lado da *práxis* como trabalho, isto é, "a reorganização de um conjunto em vista de um fim determinado" (Cabestan, 2002: 58). Ora, a ferramenta impõe-nos suas instruções, embora nós mesmos as tenhamos construído. Com ela, estamos no "prático-inerte", presos entre o desejo de liberdade que busca a *práxis* individual e os diversos obstáculos que encontra a sua objetivação (p. 57). Daí o interesse em considerar um horizonte dialético que dê esperança à superação do prático-inerte.

Com isso, também, a necessidade de mudar para o lado puramente ativo da poética. É um erro limitar a poética valeriana à obra e à sua fabricação. O autor ele mesmo propõe o alargamento do conceito à ação humana em todos os domínios possíveis. Combinando com Sartre, esse alargamento alcança o artista ele mesmo, sua ação. A poiética do artista é não apenas o trabalho do artista, mas a ação pela qual ele se constitui como artista, mais precisamente, na ótica sartriana, simultaneamente como artista e como homem – uma ótica que encontra a dos filósofos pragmáticos, tal como John Dewey. Se parece que o artista não difere do homem por não ter nenhum privilégio *a priori* em relação à liberdade, à qual nós estamos "condenados" (Sartre, 1983: 447), enquanto somos, dificilmente escolhendo estar onde nós advimos, se, nessas condições, o artista deve fazer-se ao exercer como todos sua liberdade em todos os momentos e aspectos da vida ("o artista também corta o salame" dirá Andy Warhol), o encontro com o fazer da obra do qual fala Valéry, ao mesmo tempo fabricação e ação, lhe oferece um terreno de exercício particular porque ele exige o domínio da matéria, porque ele se realiza nas condições de relativo isolamento (notadamente o ateliê) e porque a arte encoraja a expressão da singularidade.

A esse respeito, a concepção sartriana do artista ilustra, particularmente, à luz de um caso exemplar, sua filosofia geral e moral do engajamento que reivindica o ideal de um "homem total", "totalmente engajado e totalmente livre" (Sartre, 1983: 28). É isso que o artista ele mesmo, a exemplo de Gustave Flaubert, deve almejar na invenção de seu ser:

> A entrada na literatura assemelha-se à entrada nas ordens: a gente dedica sua vida e sua alma ao imaginário na medida em que ele se delineia através das palavras. Para Gustave, a literatura não tem outro assunto senão que *toda* e cada obra, longa ou breve, deve dizer *tudo* à sua maneira. Trata-se, portanto, de uma requisição total à sua pessoa (Sartre, 1971-1972: 964).

Desse ponto de vista, há uma forte unidade entre a filosofia de Sartre e sua estética. Por dialética, ele entende a totalização da *práxis*, fiel nisso à teoria marxista-leninista que coloca em destaque a decomposição do real em aspectos diversos antes de exigir sua recomposição em totalidade. Sartre dá um passo para o lado quando ele transpõe esse mecanismo dialético no esquema da construção do indivíduo, o que põe imediatamente à frente o desafio de pensar a saída do nada. É um tema que não cessou de obcecá-lo no decurso de seu amadurecimento filosófico. O artista é um caso particular do homem total. Em alguns aspectos, o artista é também o seu melhor exemplo possível, uma vez que, no espaço microcósmico de sua obra, ele realiza o investimento totalizante do indivíduo retirando da contingência o que ele produz.

Há também uma espécie de modelo para pensar a relação ao nada na medida em que ele tem por vocação transformar o objeto em imaginário: no livro com título epônimo, três anos antes de *O ser e o nada*, aparece a noção-chave de "nadificação", a qual indica claramente que o ponto de vista de Sartre é o da filosofia da consciência, não o da representação. Na verdade, ele responde à questão de saber como a consciência constitui um mundo como imaginário:

> É a aparição do imaginário diante da consciência que permite captar a nadificação do mundo como sua condição essencial e como estrutura primeira. Se fosse possível conceber um instante uma consciência que não imaginasse, seria necessário concebê-la como totalmente enviscada no existente e sem possibilidade de captar outra coisa senão o existente (Sartre, 2005: 359).

É impressionante que esse ponto de vista não se manifesta somente no plano flutuante da concepção filosófica, suscetível de ser infinitamente discutido e matizado, mas se verifica de maneira muito concreta nas análises de obras, particularmente plásticas (Calder, Giacometti, Masson, Lapoujade, Rebeyrolle etc.). Essas análises de Sartre, mesmo se elas impressionam pela sua precisão material, servem sobretudo para diferenciar as produções concretas do imaginário puramente mental, recusando-se, no entanto, a reduzi-las à sua materialidade: "fazer um homem com pedra sem petrificá-lo", diz ele das esculturas de Giacometti (Sartre, 1949: 293).

Pareceria assim que a saída do nada concerne particularmente às atividades que mobilizam o imaginário e, por consequência, às atividades do artista. Na verdade, o artista tem a vocação de traçar alguma coisa de uma postura em que, de maneira sistemática e produtiva, o imaginário vem compensar a consciência do vazio que proporciona o sentimento da contingência. Vemos bem isso em *A náusea*, em que, com um pé na contingência, mas já com outro pé na arte, se opera pela escrita um deslizamento transformacional em direção à poesia; o revestimento do banco do bonde que Roquentin toca, experimentando então a existência bruta, torna-se imediatamente "com sua pelúcia vermelha, milhares de pequenas patas vermelhas, ao ar, bem rígidas, pequenas patas mortas", o que desencadeia na sequência uma singular enfatização:

> Esse enorme ventre erguido no ar, ensanguentado, inchado – inflamado com todas as suas patas mortas, ventre que flutua nesta caixa, nesse céu cinza, não é um banco. Isso poderia muito bem ser também um burro morto, por exemplo, inchado pela água e que flutua à deriva, com o ventre para cima em um grande rio cinza, um rio de inundação; e eu teria sentado sobre o ventre do burro e meus pés ficariam de molho na água clara (Sartre, 1965: 173-174).

Parece que esse modo de criação artística, além do seu caráter demonstrativo ao olhar da filosofia de seu autor, está inteiramente voltado para um preenchimento do nada por procedimentos que substituem os mundos estranhos, aterrorizantes ou, ao contrário, procedimentos idílicos no mundo cinzento da contingência ordinária. A questão do nada aparece de maneira ambivalente em razão da própria ideia de nadificação. É uma ideia de início relativista: em um mundo pleno, há uma falta. Eu espero minha amiga em uma esplanada cheia de gente, mas ela não está lá. O nada está no coração do ser. O imaginário pode me permitir completar a ausência. Lembrança ou projeção, eu estou com minha amiga, eu a abraço. Mas foi necessário que eu nadificasse esse mundo real onde ela estava ausente. Foi necessário que eu me tornasse o artista de uma utopia.

Eu lhes asseguro: eu não me tomo por um artista pelo único fato de imaginar um mundo possível onde estaria minha amiga. Simplesmente, eu procuro ilustrar o que caracteriza a postura de artista. Sua saída do nada é ao mesmo tempo uma nadificação. De certa forma, ele sai do nada pelo nada. É uma verdade, escreveu Sartre em *O ser e o nada*, que já se encontra em "Descartes, depois dos estoicos": a liberdade é "a possibilidade para a realidade humana de secretar um nada que a isola" (Sartre, 1943: 61); vista sob esse ângulo, a estética se reduz a exemplificar a ontologia, as especificidades da obra e do investimento do artista que parecem então subsidiários. O ateliê, por exemplo, seria apenas uma variante do isolamento. "O ser só poderia engendrar o ser, escreve o filósofo, e, se o homem é englobado nesse processo de geração, só emergirá dele o ser" (p. 60), enquanto, do artista, emerge a obra ou o ato (no caso de uma performance).

O que especifica a estética no sentido da filosofia da arte (seria necessário rever a questão pelo lado da filosofia do gosto) é que o artista joga com o nada ao mesmo tempo realizando-o e preenchendo-o com um novo conteúdo. Além disso, a arte é uma saída do nada que o preenche, mas *ao lado*, em mundos paralelos, que se trate da forma ou do conteúdo. Ora, o mundo ao lado do qual se posiciona o artista já está pleno, de sorte que seu papel e seu desejo são começar por nadificá-lo a fim de que, dessa limpeza da contingência, possa surgir um mundo novo. Uma das características desse mundo novo que Sartre, entre outros, coloca em destaque é não somente a possibilidade de criar mundos diferentes, mas, sem nenhuma dúvida, a instauração de uma semiótica particular (semiótica entendida em um sentido amplo, para além da discussão sobre o signo) que associa muito estreitamente o sentido a seus meios de expressão, sejam eles a palavra ou os meios visuais, audiovisuais ou simplesmente sonoros da expressão artística. É em razão dessa tendência ao monismo semiótico, porque ela exige que se considere o conjunto dos parâmetros da expressão humana, notadamente ao excluir que o signo se apaga atrás do sentido, que nasce um mundo onde se pode repetir de uma maneira particular o desafio da totalização humana.

Tradução de Fabio Caprio Leite de Castro

Notas

1 Preferimos manter o termo "*médium*" em seu uso original em francês, palavra geralmente empregada para designar, em estética, a concepção de que uma arte se define pela destinação artística de um dado material. (N. T.)
2 Cf. meu livro *Ontologie et Représentation* (2016).
3 É o título genérico que ele dá a seus dois volumes estéticos: *L'Œuvre de l'art*, 1. *Immanence et Transcendance*, 2. *La Relation esthétique*. Coll. Poétique. Paris: Seuil, 1994-1997.
4 "Discours sur l'esthétique", realizado no Deuxième Congrès International d'Esthétique et de Sciences de l'Art, em 8 de agosto de 1937, em Valéry, 1957: 1.310.

Referências

BEAUVOIR, Simone de. *La Force de l'âge*. Paris: Gallimard, 1960.

BOURDIEU, Pierre. *Le Sens pratique.* Coll. Le sens commun. Paris: Minuit, 1980.

CABESTAN, Philippe; TOMES, Arnaud. *Sartre.* Coll. Philo-philosophes. Paris: Ellipses, 2002.

CHATEAU, Dominique. *La subjectivité au cinema: représentations filmiques du subjectif.* Coll. Le spectaculaire. Rennes: Presses Universitaires de Rennes, 2011.

______. *Ontologie et Représentation.* Coll. Ouverture philosophique. Paris: L'Harmattan, 2016.

LAGEIRA, Jacinto. "Esthétique néantisante et art exitentialiste. La critique d'art de J.-P. Sartre". *Critique et Théorie*, dirigé par Dominique Chateau et Jean-René Ladmiral. Paris: L'Harmattan, 1996.

MERLEAU-PONTY, Maurice. *L'Œil et l'Esprit.* Paris: Gallimard, 1964.

SARTRE, Jean-Paul. *L'Être et le Néant*. Paris: Gallimard, 1943.
______. "La recherche de l'absolu". *Situations III*. Paris: Gallimard, 1949.
______. "Le séquestré de Venise". *Situations IV*, *Portraits*. Paris: Gallimard, 1964.
______. *La Nausée*. Paris: Gallimard, 1965 [1938].
______. *L'Existentialisme est un humanisme*. Paris: Nagel, 1968.
______. *L'Idiot de la famille, Gustave Flaubert de 1821 à 1857*. Paris: Gallimard, 1971-1972.
______. *Situations II, Qu'est-ce que la littérature*. Paris: Gallimard, 1975 [1948].
______. *Cahiers pour une morale* (1947-1948). Paris: Gallimard, 1983.
______. *Mallarmé, la lucidité et sa face d'ombre*. Coll. Arcades. Paris: Gallimard, 1986.
______. *La Reine Albemarle ou le dernier touriste, Fragments*. A. Elkaïm-Sartre (éd.). Paris: Gallimard, 1991.
______. *L'Imaginaire*, Paris: Gallimard, 2005.
VALÉRY, Paul. *Œuvres*, tome I, ed. Jean Hytier. Coll. Bibliothèque de la Pléiade. Paris: Gallimard, 1957.

A grande recusa sartriana

Cristina Diniz Mendonça

Na sociedade capitalista os homens não têm vidas:
têm apenas destinos.
Sartre

Tudo o que vemos, tudo o que vivemos nos incita a dizer:
"Isso não pode durar."
Sartre

Uma boa periodização da cultura francesa contemporânea não poderia deixar de assinalar o momento de ruptura radical expresso no volume inaugural de *Situações*, à disposição do leitor brasileiro na bela tradução de Cristina Prado. O ensaio sobre Faulkner que abre a coletânea já não deixa dúvida de que estamos diante de um marco zero, onde coincidem o final de um processo de liquidação de um gênero de educação (pulverizado juntamente com o mundo do qual é inseparável) e o início de um novo ciclo histórico-cultural. Uma passagem desse ensaio de abertura, escrito pouco antes da Segunda Guerra, em 1938, expõe as condições em que o marco zero foi fincado: "O humanismo de Faulkner certamente é o único aceitável – ele odeia nossas consciências bem-ajustadas, nossas consciências tagarelas de engenheiros" (Sartre, 2005: 33).

Esse primeiro esboço da figura do humanismo em Sartre, que já surge encharcado de negatividade, isto é, como recusa de "nossas consciências bem-ajustadas", pressupõe nada mais, nada menos, do que o trabalho, empreendido pelo autor desde o início dos anos 1930, de demolição do alicerce do humanismo oficial que sustentava o edifício ideológico da sociedade francesa de entreguerras. A grande expressão literária dessa recusa, o personagem Roquentin no romance *A náusea*, constitui-se justamente na luta contra o conjunto das ignomínias sociais e culturais da Terceira República francesa, odiada... até a náusea (como também o fora por Ferdinand Bardamu, o célebre personagem de Céline em *Voyage au bout de la nuit*). O registro que caracteriza o pensamento do primeiro Sartre é, portanto, o da transgressão. Mais precisamente, transgressão dos códigos culturais do *establishment* acadêmico francês.

Uma negatividade assim tão explosiva não poderia, é claro, ter irrompido na cena intelectual francesa como um meteoro. Formado no seio da mais tradicional cultura universitária, Sartre não estava predestinado a ser *gauche* na vida intelectual. Sua "linguagem da negatividade" pôde irromper porque uma grande crise histórica abrira fendas na base da cultura francesa tradicional. Essa base só vai ruir completamente com a Guerra, a Ocupação e a Resistência, mas já na conjuntura de radicalização política precedente a artilharia pesada de nosso ex-*Normalien* encontrara terreno propício para abalá-la irremediavelmente. Diante do cataclismo histórico, dirá Sartre mais tarde, "o sobrevoo de nossos predecessores", que rezavam pela cartilha do "Primado do Espiritual", tornara-se impossível (Sartre, 1948: 242-243). (Daí o sentido e a função da redescoberta de Kafka numa França à beira do colapso, sobretudo se pensarmos que seus romances são, como observou Adorno, "a resposta antecipada à constituição de um mundo onde toda atitude contemplativa tornou-se um sarcasmo ultrajante, pois a ameaça permanente da catástrofe não permite mais a ninguém ser um espectador neutro.") (Adorno, 1984: 42)

Impõe-se assim, para a geração de Sartre, a palavra de ordem lançada por Jean Wahl em 1932: "Rumo ao concreto". Mas com quais instrumentos? Não restara pedra sobre pedra no edifício da cultura francesa tradicional. Era preciso tudo reinventar. O primeiro passo foi bater na porta alheia. Caindo do céu das ideias ditas eternas (mas que tinham a idade da Terceira República) em direção à terra, Sartre teve ainda de vencer outras tantas distâncias em busca de instrumentos teóricos que o auxiliassem a entender o tempo presente. Tem início então o ciclo das "viagens de descoberta" (para usar a expressão com que Hegel definia a *Fenomenologia do Espírito*), que leva o Autor a cruzar o Reno (na direção contrária à percorrida pela filosofia clássica alemã mais de um século antes) e até mesmo o Atlântico, dando com os clássicos do romance social americano. É o resultado dessas "viagens" que está sendo decantado nos ensaios de *Situações I*. Escritos entre 1933 e 1945, esses ensaios já nascem sob o signo da "modernidade" (não por acaso, o primeiro humanismo "aceito" por Sartre é, como vimos, o de Faulkner). O que isso significa?

Do ponto de vista filosófico, a "modernidade" tornou-se possível para Sartre com a "descoberta" da fenomenologia alemã (o passo complementar será a redescoberta de Hegel, via Kojève) – o que está magistralmente exposto no célebre ensaio sobre Husserl que integra *Situações I*. "Modernidade" filosófica aqui significa ruptura com a filosofia moderna no sentido kantiano, isto é, teoria do conhecimento, hegemônica na universidade francesa ("a filosofia francesa que nos formou não conhece quase nada além da epistemologia") (Sartre, 2005b: 57). Essa ruptura é, aos olhos de Sartre, a condição essencial para o florescimento de uma filosofia concreta, vislumbrada inicialmente em Husserl, que "não cansa de afirmar que não se podem dissolver as coisas na consciência" (p. 55). (Será preciso esperar um pouco mais para Sartre enfim descobrir, por meio de um Heidegger com sinal trocado, que a filosofia husserliana não poderia levar à verdadeira concretude.) Nesse ensaio sobre Husserl, a proeza de Sartre é dupla. Por um lado, num derradeiro adeus sem cerimônia à época em que primava o Espiritual, o autor disseca o cadáver dessa ideologia que alimentara a elite intelectual da Terceira República, antes de lhe lançar a última pá de cal. Por outro, ao celebrar a "libertação", via Husserl, do *bourgeoisisme* da "vida interior" que aprisionava o pensamento francês, Sartre já está, ao mesmo tempo, realizando outra proeza, desta vez uma virada espetacular – converter a pacata fenomenologia alemã num ativismo filosófico radical "rumo ao concreto", como atestam as palavras com as quais fecha o ensaio: "Husserl reinstalou o horror e o encanto nas coisas. (...) Não é em sabe-se lá qual retraimento que nos descobriremos: é na estrada, na cidade, no meio da multidão, coisa entre coisas, homem entre os homens" (Sartre, 2005b: 57).

O que Sartre está antecipando, nesse ensaio escrito em 1933-1934 e publicado em 1939, é o fim de uma longa "viagem ao fundo da noite". Abre-se, assim, o caminho para a fulgurante entrada em cena de *O ser e o nada*, a grande expressão teórica dos Tempos Modernos. Quando lermos nesse ensaio de ontologia fenomenológica "devemos partir de um certo realismo" (Sartre, 1943: 362), já poderemos identificar os termos desse "realismo": uma filosofia não contemplativa; uma filosofia que, em vez de mero encadeamento de conceitos, seja capaz de apreender a experiência viva. No artigo sobre Bataille, redigido logo após *O ser e o nada*, e que também integra *Situações I*, Sartre observa: "O erro de Bataille está em crer que a filosofia moderna permaneceu contemplativa. Ele visivelmente não entendeu Heidegger" (Sartre, 2005c: 162).

O outro aspecto dessa descoberta da "modernidade" filosófica é a descoberta da "modernidade" literária – além de Kafka, os clássicos do romance social americano, particularmente Faulkner e Dos Passos, aos quais são dedicados três dos ensaios de *Situações I*. Mas, assim como os materiais filosóficos trazidos de além-Reno, os materiais literários que Sartre trouxe da América também foram submetidos a uma verdadeira mutação na viagem de volta. Tanto mais porque, no final, esses materiais já estarão todos misturados entre si, e a própria reciclagem da fenomenologia alemã será balizada pelos modelos narrativos de ultramar – daí a mescla de Heidegger e romancistas americanos presente em vários ensaios desta coletânea, e que será um dos pilares da estrutura de *O ser e o nada*. Essa imensa argamassa de material filosófico-literário inclui ainda, na sua base, material histórico. Ao enfatizar, por exemplo, o "fenômeno da dissolução do tempo" no romance americano, num dos ensaios de *Situações I*, "Sobre *O som e a fúria*: a temporalidade em Faulkner", Sartre está *também* diagnosticando a "dissolução" de um *certo* tempo histórico. No final desse ensaio, escrito às vésperas da guerra, em junho de 1939, lemos:

> Como se explica que Faulkner e tantos outros autores tenham escolhido essa absurdidade que é tão pouco romanesca e tão pouco verídica? Creio que é preciso procurar a razão disso nas condições sociais de nossa vida presente. (...) Tudo o que vemos, tudo o que vivemos nos incitam a dizer: "Isso não pode durar" – e, no entanto, a mudança

> não é nem mesmo concebível, a não ser na forma de cataclismo. (...) Faulkner emprega sua arte extraordinária para descrever esse mundo que morre de velhice e nossa asfixia (Sartre, 2005d: 100).

Enquadrando um romance que floresceu em outro continente no ângulo agudo (agudíssimo, aliás) da vida nacional, o ensaio de Sartre termina reconstruindo o movimento de seu próprio presente político, dando-lhe forma narrativa. Uma narrativa que *expõe* a necessidade histórica da morte por "velhice" de um *certo* mundo e, ao fazê-lo, antecipa as transformações sociais profundas da época. Essa estilização conjuntural de um clássico do modernismo americano, relido a partir das revelações de um momento de catástrofe nacional, se faz sentir vivamente também no ensaio sobre Dos Passos. Mas aqui há muito mais do que estilização conjuntural: o que vemos refletido no espelho que Sartre põe diante de Dos Passos já é o essencial do pensamento sartriano.

Vale a pena observar os termos do elogio de Sartre a Dos Passos:

> Sua arte não é gratuita (...): trata-se de nos mostrar este mundo aqui, o nosso. De *mostrá-lo* apenas, sem explicações nem comentários. (...) Ora, ao descrever essas aparências mais que conhecidas, com as quais todos se acomodam, Dos Passos as torna insuportáveis. Ele indigna aqueles que jamais se indignaram, espanta aqueles que não se espantam com nada (Sartre, 2005e: 37-38; grifo do autor).

A técnica de Dos Passos visa, "muito conscientemente", a "nos levar à revolta":

> Fechemos os olhos e tentemos lembrar nossas próprias vidas, tentemos lembrá-las *assim*: sufocaremos. É esse sufocamento sem socorro que Dos Passos quer exprimir. Na

> sociedade capitalista os homens não têm vidas: têm apenas destinos. Isso ele não diz em momento algum, mas sempre nos faz sentir; ele insiste, discretamente, prudentemente, até nos dar vontade de romper com nossos destinos. Eis-nos revoltados: seu objetivo foi alcançado. Revoltados *atrás do espelho*. Pois não é aquilo o que quer mudar o revoltado deste mundo aqui: ele quer mudar a condição *presente* dos homens, aquela que se faz no dia a dia (Sartre, 2005e: 40-41; grifos do autor).

Mas não é o ponto de vista do Sartre do *Engagement* que vemos aí prefigurado? Essa consciência impulsionada pela ação negadora do existente, que nosso autor vê encarnada nos romances de Dos Passos, antes de reelaborá-la via Kojève, receberá mais tarde, por ocasião de seu batismo político, o nome de Intelectual. Com efeito, o que é o intelectual na ótica sartriana senão alguém capaz de indignar "aqueles que jamais se indignaram"? Note-se ainda, no elogio a Dos Passos, a ênfase na revolta, em que já se pode entrever o Sartre *soixante-huitard* de *On a raison de se révolter*. E a ênfase na possibilidade de "romper com nossos destinos", isto é, com "a condição *presente* dos homens" – a "sociedade capitalista", na qual a "vida" se torna "destino". Aqui o ponto de fuga para onde convergem a "modernidade" filosófica e a literária redescobertas por Sartre. Abertas as portas e janelas para o mundo, após a ruptura com a filosofia espiritualista francesa, o que o autor viu foi o beco sem saída da vida na sociedade capitalista – uma vida à *huis clos*, na qual "sufocamos". Essa ruptura indicou, portanto, a necessidade de uma outra, mais radical, algo para além da *bêtise* da vida burguesa (se quisermos colocar o problema nos termos de Flaubert, de cuja "estética antiburguesa" Sartre será sempre herdeiro). Ao explodir o quadro da filosofia institucional, nosso autor compreenderá que ela não era senão uma parte do esqueleto carcomido das formas do mundo burguês, cujo fim o existencialismo francês, reativando a combustão do vanguardismo de entreguerras, tentará precipitar. Esse ensaio de 1938 já expõe a viga central de sustentação de toda a obra sartriana: o nexo interno entre pensamento negativo e projeto de emancipação social. Desde o primeiro Sartre, o que está em jogo não é um projeto filosófico ou literário "para-si", por assim dizer, mas antes um projeto – totalizante e totalizador – de mudança radical da sociedade. (Vistas as coisas por este ângulo, no qual convergem revolução social e vanguardas literárias e artísticas de entreguerras, faz sentido pensar o existencialismo francês como um dos momentos da "extraordinária floração final do impulso do alto modernismo", conforme propõe F. Jameson (1996: 27)).

É à luz desse vínculo imanente entre pensamento negativo e emancipação social que se deve compreender "o destino histórico do ensaio" em Sartre, para usar o título do prefácio de Bento Prado com o qual a edição brasileira de *Situações I* brindou o leitor. Que esse destino tenha sido selado, a meu ver, pelo pressentimento de um "instante libertador", na linguagem de *O ser e o nada*, que brotou no coração mesmo dessa obra tradicionalmente lida como "filosofia pura" (na verdade, nada mais impuro do que esse Ensaio de ontologia fenomenológica, inteiramente contaminado pelo mundo), malgrado a *intenção* do autor de desdobrá-la numa moral, tudo isso diz muito sobre o sentido histórico da evolução dos gêneros em Sartre. A consolidação do Ensaio (como forma) ao longo do itinerário da obra sartriana, seja em *Situações* (um conjunto de "crítica e política", na definição do autor, e que ele considera a parte mais significativa de seu trabalho), seja em "monografias concretas" como *Saint Genet* e *O idiota da família*, é um *sintoma* do esgotamento (histórico) das formas filosófica e literária tradicionais. É a isso que se pode chegar a partir do problema sugerido por Bento Prado.

O que já está pressuposto nos ensaios de *Situações I* é a mudança de registro da filosofia e da literatura nas condições sociais do mundo contemporâneo. O viés que permeia tanto a "modernidade" filosófica quanto a literária aí recicladas é o de rebaixamento. Trata-se, com efeito, de substituir a "elevada" filosofia, que paira no céu das ideias, e a "elevada" literatura (a escrita "nobre" segundo os cânones da Academia) por algo (o que equivale a dizer: uma forma) atento ao que de fato interessa a todos, ou seja, à altura (bem rasteira) da revelação prosaica da existência. O desdobramento necessário desse rebaixamento será mergulhar o intelectual na ganga bruta da realidade do dia a dia. Essa dessublimação emancipadora só poderia trazer embutida uma nova *forma*, que está justamente madrugando nesses ensaios de *Situações I*. O que Sartre privilegia na técnica jornalística dos romancistas americanos, particularmente Dos Passos – o fato de *apenas* "mostrar", ou "descrever", "este mundo aqui" –, não está muito longe das condições em que o idealismo clássico alemão (leia-se *Fenomenologia do espírito*), já devidamente amalgamado à "descrição" heideggeriana, voltará ao primeiro plano da cena filosófica em *O ser e o nada*: rebaixado ao nível terra a terra dos problemas de um mundo demasiado humano, e relido como um enredo que "mostra", no sentido mais descritivo e menos especulativo possível, o drama da liberdade da Condição Humana numa situação histórica limite.[1] Não admira que o passo seguinte tenha sido inaugurado com a Reportagem, gênero com o qual Sartre procurará dar conta, no calor da hora, de um evento histórico crucial para a sua geração, a insurreição parisiense de agosto de 1944, e que fora redescoberto nos

Carnets de la drôle de guerre, antes de ser alçado à condição de gênero maior no manifesto inaugural dos "anos Sartre", a "Présentation des Temps Modernes".

É ainda o *élan* desse período de efervescência revolucionária que, colocando na ordem do dia a necessidade de um pensamento crítico e negativo, permitiu a Sartre, no ensaio de 1945 que fecha *Situações I*, extrair da filosofia cartesiana um misto de ativismo ("No princípio era a Ação"), liberdade e negatividade radical – mesmo que Descartes não tenha levado "até o fim sua teoria da negatividade" (Sartre, 2005f: 295; 299). Nesse Descartes "catastrófico e revolucionário", tal como já fora definido nos *Carnets de la drôle de guerre*, mal podemos reconhecer a filosofia dogmática e sistemática do século XVII, imersa no torvelinho produzido pela aceleração vertiginosa com que Sartre ia reconstruindo uma conjuntura histórica ela própria radicalizada e muito acelerada pela "força das coisas". Mas esse Sartre assim tão "datado" talvez seja o mais atual de todos – particularmente em culturas como a nossa, com crônico "déficit de negatividade".[2]

Este capítulo é uma versão modificada e ampliada da orelha da edição brasileira de *Situações I* (Cosac Naify), publicada também na revista *Crítica Marxista 23.*

Notas

1 Ver a respeito em minha tese de doutorado *O Mito da Resistência: experiência histórica e forma filosófica em Sartre (uma interpretação de* L'Être et le Néant*)*. São Paulo: FFLCH/USP, 2001.

2 Os termos são de Paulo Eduardo Arantes, mas o diagnóstico é de Antonio Candido (refratado pelo prisma de Roberto Schwarz). Cf. Arantes, 1996: 315.

Referências

ADORNO, T.W. *Notes sur la littérature*. Paris: Flammarion, 1984.

ARANTES, P. E. "Ajuste intelectual". *O fio da meada - Uma conversa e quatro entrevistas sobre filosofia e vida nacional.* São Paulo: Paz e Terra, 1996.

JAMESON, F. *Pós-modernismo - A lógica cultural do capitalismo tardio.* São Paulo: Ática, 1996.

SARTRE, J.-P., *L'Être et le Néant, Essai d'ontologie phénoménologique*, Paris: Gallimard, 1943.

______. "Qu'est-ce que la littérature?". *Situations II.* Paris: Gallimard, 1948.

______. "*Sartoris*, de William Faulkner". *Situações I - Críticas literárias.* São Paulo: Cosac Naify, 2005.

______. "Uma ideia fundamental da fenomenologia de Husserl: a intencionalidade". *Situações I - Críticas literárias.* São Paulo: Cosac Naify, 2005b.

______. "Um novo místico". *Situações I - Críticas literárias.* São Paulo: Cosac Naify, 2005c.

______. "Sobre *O som e a fúria*: a temporalidade em Faulkner". *Situações I - Críticas literárias.* São Paulo: Cosac Naify, 2005d.

______. "Sobre John dos Passos e *1919*". *Situações I - Críticas literárias.* São Paulo: Cosac Naify, 2005e.

______. "A liberdade cartesiana". *Situações I - Críticas literárias.* São Paulo: Cosac Naify, 2005f.

A beleza, contradição velada

Jean-François Louette

Variedade dos objetos: Para quem começa a refletir sobre Sartre e a estética é o que nos surpreende primeiramente. Sartre interessou-se pelo cinema (inspirando-se em Bergson e servindo de inspiração futura para Deleuze), pela música (o jazz, Beethoven no final de *O imaginário*), pela pintura (Tintoretto, Wols, Rebeyrolle), pela escultura (Calder, Giacometti), pela fotografia (Cartier-Bresson) e pela literatura, certamente. A propósito desta, formulou questões que não cessarão de fascinar, eu imagino, enquanto houver homens e enquanto pensarem: o que é escrever? Como tornar-se escritor? O que é o estilo?

Variedade de abordagens também: O primeiro Sartre explora uma fenomenologia da imagem, opondo a imaginação e a percepção, e confere um status à obra de arte graças às noções de *analogon* e de irreal. O segundo, após a descoberta do marxismo, propõe um método totalizante de análise das vidas e das obras, que une história, psicanálise reinterpretada e sociologia (por exemplo, o conceito de série permite Sartre analisar o fenômeno de prêmios literários em *Crítica da razão dialética*).

Em meio a tudo isso, em que focar o interesse? Digamos que a beleza seja o objeto maior da estética. Ora, Sartre oferece sobre o tema uma fórmula sedutora, um pouco vaga, que merece esclarecimento: "A beleza é uma contradição velada" (Sartre, 2005: 45). Eis aqui cinco formas dessa contradição, no que diz respeito à literatura.

Comunicação e incomunicabilidade

Faz-se arte, e em particular livros, para si ou para os outros? A tese de *Que é a literatura?* é conhecida e clara: escreve-se para o público, real e/ou virtual, nunca para si. Eis o que explica o interesse de Sartre pelo fenômeno da leitura: um livro só existe quando lido. Truísmo, dirão. Conhecem-se, sob sua pena da escrita, dois tipos de análises que vão além disso. As primeiras se referem aos mecanismos da leitura: o que é ser absorvido na leitura? (Sartre, 2018: 2). Qual a relação entre percepção do texto e imaginação do mundo, em uma "consciência híbrida, meio significante e meio imaginante"? (Sartre, 1996: 96) Qual a "transfusão da minha duração" (*Situações I*)? Qual parte para a liberdade, se a leitura, segundo *Que é a literatura?*, apresenta-se, em uma aliança de palavras, como "um sonho livre"? (Sartre, 2004: 42).

As análises do segundo tipo, em *O idiota da família*, tentam descrever uma historicidade da leitura: é facilmente esquecido, mas não lemos da mesma maneira em todas as épocas. A leitura clássica... define-se paradoxalmente como releitura: voltem vinte vezes ao trabalho da leitura; é desta que André Gide, ele mesmo um grande revisor, deseja que sua obra se beneficie ("eu não escrevo senão para ser *re*lido", *Journal des Faux-monnayeurs*). Em oposição a esta atenção escrupulosa, a leitura romântica supõe um enfeitiçamento, uma hipnose consentida, mas, sobretudo, suportada, uma dupla identificação, ao autor e às suas criaturas (Sartre, 1996b: 1.383-1.386). A leitura pós-romântica – aquela que pratica a geração nascida por volta de 1820 – em que o "artista" quer que o plano do significado (o que vai acontecer?) se torne inessencial em relação ao plano do sentido – daquilo que Flaubert, ousando um neologismo, batizou de indizível. O que será então a leitura "moderna", esta que Beauvoir e Sartre reivindicam para suas próprias obras? Este o escreve em um dia de 1939 para aquela: "na primeira leitura, que é para mim a que conta mais (...), desejamos que as palavras se consumam" (Sartre, 1983: 368); à leitura clássica (repetitiva, apaziguada) opor-se-ia a leitura moderna (incendiária, colérica).

O indizível – a literatura não seria, portanto, inteiramente da ordem da comunicação? Certamente, não. Em *O idiota da família*, Sartre insiste na ruptura de Flaubert com seu público burguês, ruptura radical que faz dele "o Sequestrado de Croisset", organizando sua atividade de escritor dentre suas necessidades naturais, como se coçar e fumar, mas também ruptura que abre a era da literatura moderna (esta também de Baudelaire e de Mallarmé). Por quê? Segundo Sartre, porque Flaubert teria colocado que "o indizível, longe de ser um limite da literatura, é, de fato, seu único objeto", a literatura agora consiste, "sem abandonar as significações diretas", em "transformar em meios de presentificar o inarticulável" (Sartre, 1996b: 1.993).[1]

Bataille já havia falado de uma parte maldita; Sartre forja a expressão "parte de silêncio" (Sartre, 1996b: 1.989). Em um nível teórico, ele procura descrevê-la como o produto de uma dialética entre significação e sentido. O primeiro é direto, da ordem da informação, decifrado pela percepção das cartas, e referente ao universal – apreendido por todos. O segundo é indireto, da ordem do alusivo, implicando a imaginação, e tende ao singular – mas não completamente. O significado pode reformular-se, traduzir-se e condensar-se; em oposição, o sentido "não pode ser separado da forma verbal que o expressa" (Sartre, 1996c: 285). Que seja. Mas, no quadro dessa dialética, a parte do silêncio, que meios concretos há para escrevê-la?

Sartre os expõem do começo ao fim em *O idiota da família*. Primeiramente, o devaneio poético sobre as palavras: quando o jovem Flaubert escreve (em *Novembro*) que deseja morrer de "cólera em Calcutá", ele joga com a configuração gráfica das palavras na unidade da frase, com suas ressonâncias embaralhadas, e com a riqueza sincrética do desejo obscuro – do exotismo, da morte – que ele atribui a eles. O equilíbrio das palavras de três sílabas em volta da preposição, a identidade de seus ataques consonantais e de seus finais vocálicos, a "sinfonia em *a* maior (o-é-a-a-a-u-a), eis o que dá à palavra "Calcutá" mais opacidade, mais mistério, uma não significação – eis que isso lhe assegura sua parte de silêncio; e Sartre propõe, por sua vez, um soberbo devaneio sobre a palavra *Amboise*.[2] Ora, este jogo de virtuose, Sartre o conduziu desde *A náusea*, onde brilha uma poesia nauseante. Assim (porém, os exemplos são vastos), nesta sentença: "*Tout est plein, l'existence partout, dense et lourde et douce*" (Sartre, 1981: 122).[3] A frase unifica-se pelas assonâncias em *ou* (*tout* – *partout* – *lourde* – *douce*) e as aliterações em *p* (*plein* – *partout*) depois em *s* (*existence* – *dense* – *douce*) e em *d* (*dense et lourde et douce*). Aos três monossílabos iniciais (com sons vocálicos fechados), respondem três dissíladas (abertas nos *és*). Tal configuração põe em destaque, de um lado, a palavra central, a mais longa, e a única substantiva, "existência", que suporta a carga semântica essencial, mas se encontra perfeitamente integrada foneticamente (mesmo que apenas pela existência da rima interna – densa); por outro lado, a multiplicação de ecos, no excesso de letras que ressoam juntas, junta-se ao peso crescente da frase em cadência maior (e com o polissíndeto destacando o acúmulo final de adjetivos), carrega o ouvido ou a língua do leitor, lhe faz sentir e, ao mesmo tempo, deixa-o prever o excesso do ser, o ser demais – a contingência, propriedade essencial da existência.

O que quer que possa ter dito Jean Paulham em um texto precipitado e mal-humorado, cujo título eu inverto aqui, Jean-Paul Sartre está em boas condições com as palavras, totalmente como Flaubert, que não cessou de ler. Como prova ainda o trocadilho, que fascinava o futuro autor de *Madame Bovary*, Simone de Beauvoir nos disse, em um retrato de seu companheiro no começo de *A força da idade*, que Sartre amava praticá-lo, e não somente para alegrar a audiência, mas até em seus escritos. Assim, no conto "Erostrato", em que a lembrança de Flaubert se compõe com a paródia dos jogos de palavras surrealistas no estilo de Desnos; quando Paul Hilbert – um patronímico que precisamente rima com Flaubert –, depois de praticar tiro no estande da feira, nota: "os resultados não eram dos melhores" (Sartre, 2005b: 72), dadas as múltiplas alusões do texto à homossexualidade, à repulsa do personagem pelo belo sexo e ao sentido da gíria da expressão "atirar no alvo" (sodomizar), como não entender também (à meia--palavra, ao meio-silêncio): "meus resultados não eram mulheres" (cf. Louette, 2019).

Enfim, se, como Paul Valéry defendeu, um "escritor clássico é um escritor que dissimula ou incorpora as associações de ideias", Flaubert ou Sartre não são clássicos (Valéry, 1996: 155). O primeiro, paradoxalmente, menos ainda que o segundo. De fato, sem dispor ainda desses termos exatos, porque ele escreve antes de Freud, Flaubert "preconiza, sendo nisso único na época, é o descentramento do sujeito, a recusa à meditação consciente, a entrega à espontaneidade concebida e sentida como outra, ou seja, ao inconsciente" (Sartre, 1996b: 1.705). Sartre, que vem depois de Freud, joga, por sua vez, com a doxa psicanalítica que rapidamente se formou: ele chega a *fingir* praticar a associação de ideias.[4] Aqui ainda, um único exemplo, que retiro de *Sursis*. Trata-se de uma das mais brilhantes dentre as passagens "turbulentas" do romance; uma demasiada longa frase relata os pesadelos que têm muitos personagens, ameaçados, em setembro de 1938, no momento da crise de Munique, por uma guerra iminente: "Mathieu encolheu-se e se arredondou, Marcelle esperava-o de pernas abertas, Marcelle era um buraco, quando Mathieu se tornou bem redondo, Jacques jogou-o e ele caiu no buraco de obuses, caiu na guerra; a guerra desencadeara-se com toda a sua fúria, uma bomba partiu as vidraças e rolou ao pé da cama" (Sartre, 2005c: 180-181). Que significa essa metamorfose de Mathieu? Sartre escreve por associações de ideias que ele sobrepõe: Mathieu curva sua coluna, Mathieu se encolhe, quer dizer com cólera (a prova é a palavra *ódio*), contra sua antiga amante Marcelle (que teve a tolice de se deixar engravidar), contra seu irmão Jacques (um burguês, um inútil que quer fazê-lo reatar com ela), contra a guerra iminente e contra si mesmo, que anda em círculos em sua vida. Tantas ideias implícitas ou tácitas, evidentemente – nós estamos dispostos a ler um sonho, e um texto moderno.

A parte do silêncio, então, eis que não é válida unicamente para Flaubert. Se eu fiz corresponder exemplos tirados de Sartre com aqueles que ele tira de Flaubert, é evidentemente para mostrar por partes. Por certo, no início de *O idiota da família*, Sartre toma cuidado para marcar distância: Flaubert teria errado ao colocar uma heterogeneidade ou mesmo uma cisão radical entre a existência – a vida mental, notadamente – e o Verbo, e, portanto, de pensar o que há de incomunicável, enquanto "o vivido nunca é virgem de palavras"

(Sartre, 1996c: 36). Erro também ao não ver que nós nunca nos encontramos fora da linguagem: nós estamos sempre nela, tanto quanto ela está em nós. E mais de uma vez Sartre zomba dos obcecados pelo inefável – visando, em primeiro lugar, a Joë Bousquet (*Traduzido do silêncio*) e a Georges Bataille, pintado de maneira satírica em seus monólogos emprestados ao Daniel Sereno em *Sursis*. No entanto, ele escreverá também, ingressando no terceiro e último volume de *O idiota da família*, que a literatura "se define mais como uma hermenêutica do silêncio do que como uma construção rigorosa segundo regras" (Sartre, 1996d: 29). *Para nós*. A literatura moderna, esta que Flaubert fundou, interpreta o silêncio; a um só tempo, ela fala e se cala.

Contradição velada, caso exista – que se redobra imediatamente: o objeto literário se caracteriza por um "valor alusivo" que deve ser "incontestável", mas que Sartre acrescenta rapidamente, ainda na mesma página, o que não exclui de modo algum a "densidade". Os bons romances jamais são evanescentes, inconsistentes, eles assemelham-se "a fenômenos naturais; esquecemos que têm um autor, aceitamo-los como pedras ou árvores" (Sartre, 2005d: 29): esta é a primeira frase de *Situações I*, de 1948. E mais de vinte anos depois, *Madame Bovary* se mostra a Sartre "como uma árvore, como uma paisagem": esse romance teria de fato "a consistência de uma planta em crescimento e a unidade de vazão de um riacho lento" (Sartre, 1996d: 29). Quando um objeto cultural é bem-sucedido também em se calar, ele toma um aspecto de fenômeno natural?

Restará perguntar-se por que Sartre dá tanta atenção a essa parte do silêncio. Trata-se de integrar o pensamento de Blanchot à sua própria reflexão sobre literatura, para defender seus "interesses ideológicos" – pelo qual Sartre designa a posição de um escritor ou de um intelectual no campo literário – fagocitando de um crítico talentoso? Pode ser, mas não é só isso: Sartre ofereceu com *A náusea* um romance do silêncio, muito antes de ter lido Blanchot (Louette, 1989). Não: toda uma reunião de causas, sobre as quais não me demorarei aqui, dispôs Sartre a ouvir o silêncio. Seu temperamento melancólico; a importância da mística na sua formação filosófica, via seu professor Henri Delacroix; o sentimento de uma crise da linguagem depois da Primeira Guerra Mundial, crise que evoca o artigo por ele consagrado em 1944 a Brice Parain. E, enfim (mas esqueço disso talvez), seu gosto pela ironia – ao mesmo tempo causa e efeito.

Dizer sem dizer: o poder da ironia

Uma vez chegado o tempo do engajamento para Sartre, o que se torna parte do silêncio? Ao ler *Que é a literatura?*, fica o sentimento de que ela é reservada à poesia. No devaneio sobre as palavras, o próprio Sartre produz um impressionante exemplo, glosando o nome de *Florence*: mais precisamente, nesta passagem de bela prosa artística, ele escreve um breve pastiche de um poeta e amigo, Michel Leiris, e de sua antologia *Glossário, eu mantenho minhas glosas* (1939). Há aqui uma inflexão que seria inútil querer minimizar: a prosa é vista doravante condenada à transparência. Vale saber que toda obra narrativa sartriana, com exceção do volume 3 de *Os caminhos da liberdade* (*Com a morte na alma*), já está escrita e publicada. E não se poderia sustentar que a prosa de *As palavras* é transparente ou desprovida de estilo. De todo modo, um princípio de escrita garante a relação entre os dois momentos do percurso sartriano: a ironia, o florete embotado, a corrosão discreta, ofensa e silêncio combinados.

Se a estética de Sartre se revela fundamentalmente irônica, é em razão da homologia, para ele, entre a definição de consciência, ou melhor, do para-si, e a definição de ironia. O para-si, como se sabe, é apenas presença a si sobre o modo de distância a si, e, portanto, perpétua não coincidência consigo mesmo. Contudo, "na ironia, o homem nadifica, na unidade de um só ato, aquilo mesmo que diz; faz crer para não ser acreditado; afirma para negar e nega para afirmar; cria um objeto positivo que, no entanto, não possui outro ser senão seu nada" (Sartre, 2015: 92). (Duas definições que constituem dois belos exemplos, a mais, de contradições veladas.) O enunciado irônico: aquele que nega o que menciona, aquele que não coincide com o que parece dizer, aquele em que o sentido, a definir, contesta a significação definida.

Todavia, o momento em que Sartre se lança na escrita engajada oferece suas chances à ironia, até a reclama. É claro que se procura, em vão, no primeiro texto engajado de Sartre, o artigo que, em abril de 1943, ele publicou na clandestina *Lettres françaises*, "Drieu la Rochelle ou o ódio de si mesmo"; Sartre, que visa na pessoa do diretor da NRF à frente da colaboração literária, não se preocupa com desvios e acertos diretos, *ad hominem*: "É um tipo longo e triste, com um crânio enorme e acidentado", um "indivíduo que falhou consigo mesmo", ele "chegou ao nazismo por afinidade eletiva" (Sartre, 2012: 168-170). Mas vamos pegar um texto não clandestino – ainda que caucionado pelas redes clandestinas da Resistência.[5] Com este outro regime de lançamento, até de aparição em cena – eu penso na peça *As moscas*, concebida em junho de 1943 –, o recurso à ironia se impõe, tanto como a melhor forma de contornar a censura, quanto como exemplo de uma palavra não dogmática, não autoritária.[6] Orestes, arauto da liberdade? Sim, na medida em que ele se opõe firmemente à teocracia de Júpiter (uma palavra que rima com Hitler) e ao tirano Egisto, em seu "drama da liberdade" que, desde 1943, Merleau-Ponty saudou como tal (Merleau-Ponty, 1997: 61-64). Não, na medida em que no final da peça, no lugar de guiar o povo de Argos, Orestes o deixa, e, em vez de se integrar mais ou menos modestamente no curso da história, ele entra gloriosamente no conto ou lenda, o "Pegador de ratos de Hamelin", e que no lugar de dar o exemplo de uma lucidez pura, ele a embaralha, em um possível ataque de loucura, a um recurso à magia, pedindo que as moscas o sigam – assim como Júpiter se fez obedecer no fim do Primeiro Ato. Michel Leiris tinha razão de ver em *As moscas* uma peça da Resistência Intelectual (Orestes é "o campeão da liberdade", segundo ele e outros autores) e de se recusar a reduzir a uma mensagem "esta obra tão poderosa tal qual não se tinha visto na França por muitos anos" (Leiris, 1966: 74-75).

Dir-se-á então que, uma vez a França libertada, Sartre poderia renunciar à ironia. Contudo, não é nada disso: Sartre optou por não ser *nem partidário nem esteta*, de buscar seu caminho entre os dois termos dessa contradição. Para estar convencido disso, basta reler o romance publicado, em setembro de 1945, *Sursis*. O texto apresenta abundantemente as dificuldades do engajamento, contudo necessárias, e os embaraços do ato. Quem, em *Sursis*, está comprometido com os diferentes sentidos desta palavra? Gomez, o que faz a guerra na Espanha? Mas seus atos, não desprovidos de vaidade, se confundem com os gestos, ele se mostra ator de sua própria virilidade, e trai sua mulher com uma atriz, que se parecem e se confundem. Daniel? Se ele se casa com Marcelle, que ele dificilmente suporta, não é por altruísmo, mas, sem dúvida, para se punir por sua homossexualidade. Ivich? Ela se entrega a um garoto que ela não ama, a fim de não morrer virgem – mas a guerra não eclode. Pela mesma razão, seu irmão Boris reingressa em seu alistamento nas Forças Armadas. Camponeses normandos se veem mobilizados cedo demais, por causa do erro de um tenente: uma farsa à Maupassant. E se ele age eficazmente para defender Philippe, jovem pacifista que a multidão iria linchar, Mathieu o impede, assim, de se emancipar, e o priva da sorte gloriosa do mártir da paz com que ele sonhou e, portanto, de seu próprio engajamento. Vê-se surgir o tema filosófico que em *Crítica da razão dialética* será analisado como "contrafinalidade", e que Sartre resume assim: "agir é não saber o que se faz; o ato escapa das mãos do homem e perde-se, quando não se volta contra seu autor, estranho, desconhecido e, porém, reconhecível, como um bumerangue" (Sartre, 1996d: 253).[7] Não simplifiquemos a teoria sartriana da liberdade e do engajamento.

O mesmo vale para a escrita. O escritor engajado gostaria que escrever fosse um ato – mas ele entende os limites de sua prática. Na sua criação, em abril de 1948, no Teatro Antoine, contra a vontade de seu autor, *As mãos sujas* passa por anticomunista: o público prefere Hugo, jovem intelectual burguês e idealista, a Hoederer, militante comunista e realista. Igualmente, Sartre, na qualidade de escritor jamais posou de profeta (diferentemente de Drieu ou de Malraux no pós-guerra). Gabriel Marcel quase ficou ofendido, ele que desafiava, em 1951, "qualquer pessoa a encontrar algo para sua própria vida ou para as dos outros, uma clareza qualquer no último ato de *As moscas*" (Marcel, 1959: 188). Mas o que é um profeta sem um caminho claro, sempre a perseguir uma moral jamais expressa? Um pensador do presente incerto, alguém que faz despertar.

E, infalivelmente, um homem desprovido de espírito de seriedade. A estética sartriana mistura, portanto, todo o seu lugar e a autoironia. Sartre é um autor que zomba de si mesmo, debochando de sua identidade, de seu estado civil. Em *As palavras*, ele sugere brincando que se ele se tornou escritor, uma das razões é pelo seu apelido, Poulou, que brinca com Paul, galinha e frango, fazendo dele uma besta de penas e bico: "Mal comecei a escrever, pousei minha pena para rejubilar-me" porque "acreditei ter ancorado meus sonhos no mundo pelas arranhaduras de uma ponta de aço" (Sartre, 2005e: 96).[8] Em *Sursis*, é do seu patronímico que Sartre explora a provável origem latina. Em 1946, um amigo do seu antigo aluno Jacques-Laurent Bost, Robert Scipion, publica um pseudorromance composto de uma série de pastiches; os *Fragments du jornal de Pierre* inspiram-se em *A náusea* e mostram um homem que realiza pesquisas sobre as origens de Sartrouville, nos subúrbios de Paris: "a única palavra latina da qual Sartre pode derivar é *sartor*, *sartoris* (de *sarcio*), que significa "que repara, alfaiate", ou ainda (de *sarrio*), "que monta, que compila", impecáveis referências (Scipion, 1946: 79). Alfaiate: é bem possível que o personagem de Suzanne Tailleur, em *Sursis*, dissimule um autorretrato sem complacência (Louette, 2013). Pequena e feia como seu autor, vendedora de flores (de retórica), ela é levada a assinar uma petição – grande atividade dos intelectuais, que será zombada em *Que é a literatura?* –, e sobretudo, ela encontra o prazer nos braços de seu companheiro, Maurice, operário de Saint-Ouen: é assim que o intelectual, em 1945, sonha em se unir à classe operária.

Que discretas assinaturas, então, estes jogos sobre a pena e o bico de Poulou, ou sobre os prazeres de um mercador de flores. Mas um alfaiate não é sempre um brincalhão. Por função, com mais violência, ele corta e reforma, ele talha e costura - dois verbos que Sartre frequentemente associa - na língua.

A linguagem rouba

Por que esta luta com a linguagem, no coração da estética sartriana? Muitos textos importantes nos permitem responder, entre os quais, apesar de sua evidente dessimetria, o conto "O quarto" e *O idiota da família*; a partir deles pode-se fazer aparecer uma dialética inacabada, e, portanto, para utilizar uma palavra aplicada por Sartre a partir de *Saint Genet*, na forma de torniquete.

"Queria roubar a linguagem, e é a linguagem que lhe rouba os vagos desejos" (Sartre, 1996b: 1.634). Esta é a situação de Flaubert, e, mais comumente, aquela em que qualquer escritor se encontra. Por que este roubo sofrido e este roubo desejado? Roubo sofrido, porque a escrita luta com a linguagem comum - um adjetivo que é suficiente para se fazer entender, o que enfurece Paul Hilbert, que as palavras se arrastaram por todas as bocas. Pertencendo por essência aos outros tanto quanto a mim, alienados e alienantes, como poderiam dizer o próprio de um homem, o singular de seu pensamento? Sartre retorna muitas vezes ao exemplo da palavra *Natureza*, que "limita e desvia o pensamento de Sade" - em suma, dizer que lhe é roubada, o sadismo sendo uma "antinatureza que só pode ser pensada como um naturalismo", e, pior ainda, uma reivindicação do Mal como lei do mais forte e, por conseguinte, da Natureza, que vai contra a ideia, comum no século XVIII, de que a Natureza é boa, e o homem também, ou tudo, ao menos, perfectível (Sartre, 1996c: 622-623; 2002: 91). Outro perigo, de todo evidente: o dos lugares-comuns e das opiniões banais, em que o pensamento se absorve e se perde, em que a pena gruda e se afunda – e Sartre chega a forjar um pequeno suplemento ao *Dicionário das ideias feitas*: "Estátuas. Quando é bonita, dizer que ela vai começar a andar (ou viver)" (Sartre, 1996c: 624). O primeiro título do conto "O quarto", eu o relembro, é "As estátuas volantes", e deve-se tomar o adjetivo em um duplo sentido, elas voam como pássaros sombrios, nas alucinações de Pierre, e elas roubam, como formas petrificadas da linguagem (lugares-comuns) e da beleza (estéticas congeladas). Elas representam mesmo os grandes autores e seus grandes textos, essas perfeições impassíveis, esses poderosos rivais anteriores, que já disseram tudo, e que um escritor encontra sempre no seu cérebro e na sua pena.

Compreende-se, então, a necessidade de se revirar o roubo sofrido em roubo desejado. Para Flaubert, "a literatura começa com a decisão de roubar a linguagem" (Sartre, 1996b: 1.993), quer dizer, de desviá-la de seus fins práticos; trata-se, para dizer resumidamente, de fazê-la precipitar do real em direção ao irreal, do utilitário ao imaginário, da comunicação ao incomunicável. Contudo, roubar de quem? Essencialmente da sociedade burguesa, caracterizada acima de tudo pelo utilitarismo. O empreendimento de Genet não se mostra muito diferente: trataram-no como ladrão, roubaram o seu ser, e ele se fará ladrão, especialmente na linguagem comum da sociedade honesta. Em alguns aspectos, o roubo é uma violação: toda a análise da gíria em *Saint Genet*, de fato um estupro da linguagem normal, de acordo com as normas, estupro que substitui a transparência pelo segredo, a essência pela atribuição secundária (a porta, por exemplo, tornando-se pesada), a polidez pela vulgaridade. O herói do conto "Erostrato", como se viu, desliza sob os olhos de seus leitores instruídos, como contrabando e para envenená-los, a expressão *atirar no alvo* – com seu sentido de gíria e erótico já assinalado, e, também seu sentido metatextual (escrever é atirar no alvo, no papel encadernado).

No roubo e, por vezes, no estupro, o escritor encontra uma forma de domínio? Poder-se-ia pensar assim, quando Sartre define as noções de totalização e de estilo. Flaubert teria descoberto "o próprio princípio da arte", na "totalização": "a lei fundamental é que nada deve ser preferido, detalhe, caráter, cena, tudo está lá para desaparecer ao anunciar de modo alusivo o todo inapreensível e presente em todas as suas partes" (Sartre, 1996b: 2.039).[9] Contudo, a definição que Sartre dá de estilo se revela análoga: "o trabalho do estilo não consiste tanto em cinzelar uma frase como em conservar permanentemente no espírito a totalidade da cena, do capítulo e, para além disso, o livro inteiro" (Sartre, 1977: 129). O que se chama de construir uma obra.

Permanece... o que Gide tinha nomeado (em particular em seu *Dostoïevski*) "a parte do diabo" e que Sartre definiu, ou redefiniu, como as relações que se estabilizam "entre as partes do discurso artístico, fora da intenção criativa". Permanece também o que se poderia chamar de a parte do leitor, especialmente do futuro: Sartre sabe bem que um livro muda com o tempo e com as gerações de leitores, ou seja, para dizer com Valéry, que a obra "dura na medida em que ela é capaz de parecer distinta do que o seu autor lhe tinha feito" (Valéry, 1996: 152). Eis de novo a obra duplamente furtada de seu produtor?

O diabo faz mais ou menos um bom jogo, conforme as épocas e os textos – em um século no qual Mallarmé tentará abolir o acaso na obra, Flaubert lhe oferece, porém, como que apesar de si mesmo, um vasto campo para jogar, este que teria "criado o romance moderno pela exata razão de que ele nunca soube costurar seus livros" (Sartre, 1996b: 2.037).[10] Sartre, em contraste, segura o diabo com a rédea mais curta: o escritor, no século XX, "aceita sem reserva, mas, não sem controle, a parte do acaso"; deste modo, a obra escapa somente em parte ao seu autor, o qual teria o mérito de refleti-la "em sua facticidade tanto quanto em sua liberdade" (Sartre, 1996d: 189).[11] E o leitor? Na época de *Que é a literatura?*, Sartre mostrou sérias dificuldades em lhe conceder uma liberdade completa: "por mais longe que vá, o autor já foi mais longe ainda. Quaisquer que sejam as relações que estabeleça entre as diferentes partes do livro – entre os capítulos ou entre as palavras – o leitor tem uma garantia: é que essas relações foram expressamente desejadas" (Sartre, 2004: 44; 46).[12] Tu acreditas me surpreender, surpreender um sentido no qual, escrevendo, eu não teria pensado – tu não és senão meu joguete. Ao malandro, malandro e meio. Vinte e cinco anos mais tarde, Sartre afrouxou um pouco suas garras: ele admite uma "pluralidade de leituras", que não nasce, no entanto, de uma "indeterminação da obra" (como queria Umberto Eco), visto que o leitor nunca ultrapassa o que o autor preparou para ele; mas ele coloca, em princípio, que uma interpretação nova desemboca em uma não comunicação se ela se faz "em ruptura de conveniência" com a obra, quer dizer, se ela aplica a ele um código hermenêutico ignorado pelo autor (Sartre, 1996d: 425).[13] Liberdade, não nula, mas assistida de perto.

Resumindo: a língua – seus lugares-comuns petrificados, seus grandes autores transformados em estátuas – rouba seu pensamento do escritor; o qual dele furta, apesar de tudo, em luta dura, sua obra; no qual é parcialmente pelo diabo escamoteado às intenções do seu autor; tanto mais que seus leitores, estes despudorados diabinhos, acreditam compreender mais do que seu criador; o qual, no entanto, ri da sua cara – ele previu tudo, ou, ao menos, proibiu a ruptura de conveniência. Estranho processo: um homem finge ser imaginário, dar livre curso e livre decolagem ao seu próprio imaginário, o diabo e os leitores se envolvem e o voo se confunde; menos livre do que se teria acreditado, "nossas pretensas imagens (...) voam baixo, como as galinhas" (Sartre, 1966d: 514), ou como o jovem Poulou de penas, escritor e frango ainda inábil; da mesma forma, pesado e desajeitado, em "O quarto": "As estátuas voavam baixo e docemente" (Sartre, 2005b: 61). Sobressalto salvador, então: não, eu tenho – eu, Pierre, neste conto – um "ziútre", mágico instrumento que me permite conjurar as estátuas; também previ tudo – exceto que eu nunca possa arrancar minha língua do meu cérebro ou da minha boca, mesmo que aconteça de Antoine sonhar em fazê-lo, em *A náusea*. Para sintetizar esta série de contradições, ou este estranho torniquete, que constitui a situação e a loucura do escritor na estética sartriana, e que, ao mesmo tempo, esgota o paradigma do voo, uma última expressão é proposta: "nos deixamos levar pelas correntes que nos levam para onde quisermos ir, desde que às vezes saibamos deslizar de um lado a outro" – esta "práxis da passividade", própria a Flaubert e a alguns pássaros, como ao petrel (e eu juntaria a ele alegremente um outro pássaro de alto-mar, caro a Baudelaire, o albatroz), esta "obediência governada" (aos ventos, às palavras), poderia ser que não fosse, para todos aqueles homens de letras, nada mais do que a escrita. Sartre a nomeia de "voo sem motor" (Sartre, 1996d: 406-407; 218). Ele que pensava de caneta na mão, era assim que ele voava?

A imitação destrutiva

Em "O quarto", o ziútre de Pierre, seu talismã, era feito de pedaços de papelão colados. Emblema da escrita sartriana, resolutamente intertextual, misturando diversos modelos e (sobretudo) contramodelos, como Geneviève Idt (1984) bem mostrou.[14] E, como anunciava o patronímico Sartre, consagrando o escritor que o porta a coletar para talhar e remendar. Muitas críticas fazem de Proust um inovador absoluto, muitas vezes Céline se coloca e é colocado como inventor genial, único de sua espécie: na verdade, há pontos de apoio, Saint-Simon e Balzac primeiramente, ou ainda Zola e Vallès, Barbusse e Dabit, em segundo lugar. Nunca a originalidade é radical, avalia Sartre.

Tese profundamente antirromântica. Sartre não subscreveria o que Madame de Staël colocou em Corinne, no romance a que este nome dá o título: "a imitação é uma espécie de morte, visto que ela tira a todos de sua existência natural" (Madame de Staël, 1985: 177). Sim, mas se o existencialismo rejeita a ideia de uma natureza do homem e de indivíduo, então a imitação pode ser reabilitada, contanto que seja também criação, quer dizer, que ela tenha sucesso em fazer uma "imitação inventiva" – uma curiosa fórmula de André Chénier, nota Sartre, sem maiores esclarecimentos.[15] Ele a define, assim, no exemplo de Flaubert: "não se tratava de empréstimos nem de pastiches, porém, mais simplesmente, em vez de dissecar o cadáver de uma obra, ele lhe insuflava sua própria vida, fazendo-o funcionar no interior de uma empreitada que se apropriava de seus esquemas diretivos e do seu estilo, superando-os em direção a fins originais" (Sartre, 1966b: 2.036). Não descreve ele aí, ao menos em parte, seu próprio jeito?

Esta tese, o filósofo a fundamenta, em *O idiota da família*, em uma bela análise da situação de um jovem escritor por vir. Então aqui está alguém que lê para escrever: a literatura reinventa-se nele "como obrigação de escrever a partir da literatura feita" (Sartre, 1996d: 57). Ele descobre várias estéticas diferentes, divergentes, quer dizer, de múltiplas exigências contraditórias, que não se trata "nem de conciliar nem de explicar por um relativismo histórico", mas de ultrapassar "em uma síntese unificadora"; a vocação, portanto, aparece como "literatura passada, exigindo reproduzir-se total em cada obra futura" (Sartre, 1996d: 63) e a literatura feita desenha no vazio a literatura a ser feita: "a cada época, delineia-se um esboço do que *está por ser feito* a partir das oposições imperativas que interiorizamos" (p. 64). Que tarefa! E que orgulho! Nada explica aqui uma tal necessidade de totalização: é que Sartre indicou bem antes que ela existe na "pulsão totalizadora", uma maneira de *não sofrer*, e de substituir, pela unidade de um desígnio geral e de uma obra, a contingência sentida pelo sujeito, bem como "a dispersão do mecanismo", percebido nas coisas – eu diria também o da cultura avassaladora.[16]

Pouco importa na prática: é garantido que Sartre procede ele mesmo desse modo. Poder-se-ia, sem esforço, mostrar como *O muro*, por exemplo, totaliza uma grande parte da literatura de sua época, remetendo de diversas maneiras a Morand (Sartre afasta os contos da atmosfera) e a Arland (autor, ele também, de um conto intitulado "Intimidade"), a Malraux (a guerra na Espanha) e a Barrès (as raízes francesas caras à direita), aos populistas (a gentalha em "Erostrato" e em "Intimidade") e a Céline (alguns truques sintáticos, um certo relaxamento no nível da linguagem), a Gide (humanismo e homossexualidade) e aos surrealistas (parodiado com constância) – sem esquecer Racine ("O quarto"), Joyce e Freud.

Isso explica a crítica lançada por Céline, em 1948, em um panfleto pouco difundido à época, *À l'agité du bocal*, texto, ele mesmo, muito agitado, em que Sartre, por ter questionado o bom doutor e seus panfletos odiosos no seu *Retrato do antissemita*, é rebatizado de "Lamanièredeux".[17] Ora, Sartre assume inteiramente escrever *à maneira dois.*[18] Ele declarou-o, com modéstia, na Advertência[19] de *Os caminhos da liberdade*, a propósito de *Sursis*: "eu procurei tirar proveito das pesquisas técnicas que fizeram alguns romancistas da simultaneidade como Dos Passos e Virginia Woolf. Retomei a questão onde eles pararam e tentei encontrar algo novo nesta direção" (Sartre, 1981b: 1.912). Não se trata, portanto, de imitar servilmente, mas de desenvolver as potencialidades de um modelo além do que se conseguiu fazer. E a Geneviève Idt, questionando-o em dezembro de 1975 sobre a pluralidade de estilos em *A náusea*, Sartre responde: "a articulação desses estilos entre eles é o meu estilo". Fórmula que ressoa com uma outra, que se encontra em *O idiota da família*: no capítulo XXVI da primeira *Educação sentimental*, Jules, escritor em ascensão, imagina uma fusão das qualidades próprias aos diferentes séculos da prosa francesa – seiva do Renascimento, limpidez do século XVII, clareza analítica do século XVIII; "gostaria, glosa Sartre, que sua escrita fosse um prato complexo que reunisse todos esses elementos; o jovem autor, por sua vez, só contribuiria pessoalmente com o segredo da dosagem" (Sartre, 1996c: 1.985) – isso que permitiu a Sartre ser, por exemplo, o primeiro escritor na França, desde Diderot, a renovar significativamente o gênero tão difícil do romance filosófico.

Esta dosagem é muitas vezes aquela de um veneno: a prática intertextual de Sartre mostra-se, na maioria das vezes, ofensiva, zombeteira – uma traição. Ao contrário de um

Giraudoux, que, por certo, fez um dos seus personagens declarar, na peça de 1928, *Siegfried*, que o "plágio é a base de toda a literatura, excetuada a primeira, a qual, aliás, é desconhecida" – mas do qual chegou-se a sustentar que ele praticava uma diplomacia da escritura, em seu teatro dos anos 1935 a 1944: um uso pacífico da intertextualidade, orientada em direção a um ideal de cosmopolitismo (cf. Gauvin, 1995). Nada parecido com Sartre, que atribui a Tintoretto seus próprios pensamentos combativos: "Os antigos, os novos, pego todos e ganho deles em seu próprio terreno" (Sartre, 2005f: 57). Igualmente, voltando ao assunto, as fórmulas de imitação inventiva e de fusão de estilos, se reviram elas, respectivamente, essas aí muito neoclássicas, e essas aqui muito ecumênicas. Seria necessário, preferivelmente, dizer que Sartre pratica uma imitação que somente é inventiva por ser destrutiva antes de tudo (mesmo quando reivindica um modelo, como Dos Passos, de fato, que ele tenta ultrapassar e escreve outra coisa); que a fusão em Sartre é nuclear e supõe, senão exatamente uma explosão, pelo menos confrontos e rupturas.

O segredo da dosagem associa, pois, também, a modéstia (sem originalidade absoluta) e o orgulho (eu os supero a todos), o conhecimento (tantas leituras!) e a selvageria (uma palavra que Merleau-Ponty aplica a propósito de *A náusea*). O que levou Sartre a seguir esse caminho, além de sua imensa cultura? Adiantemos rapidamente três razões: por um lado, no mundo segundo Sartre, todo homem é ator, e Poulou, segundo *As palavras*, foi um ator mirim do mais alto grau, imitador e cabotino, e mais profundamente ainda quando ele decidiu se dedicar à escrita; para Flaubert, leitor de Rabelais e Montaigne, Shakespeare e Byron, esses gênios são "papéis que ele se reserva para encenar um por vez"; se ele os lê e relê é porque se trata "apenas de encontrar neles oportunidades de vertigem e instalá-las 'em torno da alma' como possibilidades permanentes" – de modo que "a identificação ampliadora, portanto, a todo instante é possível" (Sartre, 1996b: 2.044; 2.046). Nitidamente, o mesmo vale para o Sartre escritor.

Por outro lado, e a coisa passou quase despercebida, a relação de Sartre com Beauvoir só poderia desenvolver seu gosto pela intertextualidade. Jamais eles escreveram a quatro mãos, mas sempre escreveram um para o outro. Um com o outro, relendo-se reciprocamente, aconselhando-se mutuamente, em um diálogo perpétuo. Coescrita? É melhor dizer entre-escrita, escrita entre os dois, entre os dois também, com o que isso supõe de segredo preservado (cf. Louette, 2019: 19). É assim que os contos de *O muro*, que esquecemos sempre, são em sua maioria escritos depois daqueles que Beauvoir viu recusados, em 1938, pela Gallimard, depois pela Grasset e que ela publicará, no final de sua vida, sob o título *Quando o espiritual domina*. Assim, *As mãos sujas* é uma peça que dialoga com o ensaio "O segundo sexo", sendo aliás a gênese dos dois textos parcialmente concomitantes, e esta ligação forma o único meio de compreender em profundidade a personagem Jessica, bem como o duplo nível de engajamento da peça: uma reflexão sobre o fim e os meios (no cerne da emancipação de Hugo), mas também sobre a situação de uma jovem moça (Jessica) no mundo de homens, e dos mitos masculinos da mulher. Redescoberta da lua existencialista: é preciso ler Sartre e Beauvoir *juntos*.

Por fim, a formação de filósofo que foi a de Sartre, muito minuciosa e bastante rigorosa, não lhe deu o reflexo de um método intertextual? (Da mesma forma que ela o conduziu a usar constantemente um lugar-comum como trampolim para sua reflexão). Por mais ousado que seja, um filósofo sabe muito bem que nunca pensa sozinho. Pode-se objetar: e Descartes, fechando-se sozinho com sua lareira, livrando--se das velhas opiniões, fazendo tábula rasa? Mais precisamente: impossível ignorar que ele conduz um constante e decisivo diálogo com Aristóteles (cf. Marion, 1975). Sartre filósofo e Sartre escritor iniciam talvez um texto com os mesmos gestos: referência da situação intelectual – grandes teses, opções possíveis, aporias, tentativas mais ou menos concluídas, explorações esboçadas –, o que é feito desenhando em vazio o que resta a ser feito.

Um romancista-filósofo

Teórico, Sartre sempre opõe com muita clareza a linguagem filosófica à linguagem literária. Da maneira mais tradicional: a primeira dá o geral, ou o universal; a segunda, o particular, ou o singular. É graças a ela que o imediato e o sensível serão indicados, inclusive, até, na frase, encarnadas. Contradição clara, portanto.

Na prática, porém, é bem diferente, e a contradição se vela e se embaralha. Não somente acontece a Sartre na escrita, no sentido forte do termo, em algumas páginas de filosofia: obviamente se pensa nas descrições brilhantes do tipo fenomenológico em *O ser e o nada*, as concernentes ao garçom do café (à má-fé) ou ao amarelo do limão (à qualidade), ao viscoso ou à carícia, ou ainda mesmo ao tal companheiro de trilha, que ama a caminhada e seu cansaço ensolarado, em que se mergulha e se banha – pode reconhecer, sem esforço, Simone de Beauvoir. Mas, além disso, e eu me permito aqui me citar,

> se em *O ser e o nada* aflora aqui e ali um (belo) estilo, é porque Sartre vê nas aparições fugazes um meio de fazer entrever o objeto mesmo que o para-si persegue: a beleza, fusão da forma com a matéria, da essência com a existência, do em-si com o para-si. O estilo, deste modo, porta uma função filosófica: permite avistar o que falta ao para-si, e o que falta no universo (imperfeito), faz emergir o valor supremo – este reverso da contingência que é a beleza. Para dizer em uma fórmula: o estilo assombra *O ser e o nada* exatamente como o belo, segundo o livro mesmo, "assombra o mundo" [Sartre, 2015: 259] (Louette, 2009: 121).[20]

Um filósofo estilista nas horas vagas. Reciprocamente, como se sabe, Sartre é um romancista-filósofo; autor do maior romance filosófico da literatura francesa (junto com *Jacques, o fatalista*). Assim sendo, *A náusea* marca uma reconquista do espaço do pensamento pela literatura. A divisão entre literatura e filosofia, a separação clara das disciplinas, ocorre no curso do século XIX: para Madame de Staël, a palavra "literatura" incluía também a filosofia. Essa reconquista já se iniciou, na verdade, em alguns estudos filosóficos de Balzac – Louis Lambert, por exemplo –, continuou com as dissertações de Proust sobre estética em *O tempo redescoberto* (1927), e também com o estudo sobre o Mal por Queneau em *Le Chiendent* (1933). Porém, a especificidade de *A náusea* reside no fato de a contingência se apresentar nela menos como conceito, de uma origem longinquamente aristotélica, e mais, de uma só vez, como um sentimento e uma experiência. O fenômeno fisiológico da náusea revela na contingência o fundo do ser.

Para uma justa compreensão – e aqui a originalidade de Sartre é não muito redutível – basta comparar *A náusea*, livro publicado em abril de 1938, ao romance que recebeu o Prix

Goncourt no mesmo ano, *L'Araigne*.[21] O herói, Gérard Fonsèque, que se coloca como um solitário nietzschiano e que escreve um livro, oferece uma distante semelhança com Roquentin, e ocorre a Henri Troyat de escrever as palavras *existência*, *existir* ou mesmo *náusea*. Mas elas não têm nenhum sentido forte, nenhum valor construído por um esforço contra o ordinário dos lugares-comuns. Eis o herói, a aranha possessiva e malévola, pensando em suas irmãs: "Ele julgou ridículas, subitamente, as pretensões que fizera para agradar Luce, Élisabeth, com a existência insossa em que estavam atoladas (...). A solidão de cada uma era sem lacuna nas solidões vizinhas. Era necessário resignar-se a somente existir para si" (Troyat, 1998: 148). A solidão, o doente Gérard, a exalta com palavras, mas, vivendo com a mãe e as irmãs, de fato, ele a temia e a rejeitava: ela não se tornava – como com Roquentin – o meio de uma exploração da existência. Em *L'Araigne*, este último termo, tanto para o personagem quanto para o autor, nada mais é do que um sinônimo cômodo da vida. Tomemos ainda esta sentença de um homem impotente, enojado pela carne e pelo casamento de suas irmãs: "O mundo é grotesco, fedorento, desagradável até a náusea" (Troyat, 1998: 196 [Terceira parte, cap. 4]). Não nos enganemos aqui: nada mais do que uma condenação por razões psicológicas – Fonsèque tem um fundo seco... – e religioso –, o catarismo exacerbado de quem empreendeu um ensaio sobre o Mal e projeta sobre o mundo sua própria maldade.

Troyat, artífice honesto, hábil em exercitar e para fustigar a burguesia sem excedê-la, terminou na Academia Francesa: mas é Sartre que permanece na história da literatura. Aqueles que têm medo da menor abstração se ofendem erroneamente por algumas maiúsculas (Absurdidade, Existência, Náusea, Mundo) nas célebres páginas sobre contingência descoberta no Jardim Público de Bouville. Ora, em *A náusea*, importam, acima de tudo, a variedade virtuosa de estilos, a riqueza de fantasias (da metamorfose, do fim do mundo), e um "tremor de imagens criativas, porque um grande romance se escreve muito mais com imagens e palavras do que com ideias" (Walter, 2014: 43).[22]

Estas são outras questões filosóficas que *Os caminhos da liberdade* explora: a liberdade, evidentemente; mas também, notadamente em *Sursis*: como dar conta da História em curso? Da historicidade, quer dizer da História no homem, vivida por ele sem jamais poder controlá-la? Do acontecimento "no seu frescor brutal"? (Sartre, 2004: 167) A forma romanesca permite a Sartre dispensar-se de escrever um tratado da História, como fizera seu camarada Raymond Aron na sua tese, *Introdução à filosofia da História* (1938). Escrevendo *Sursis*, Sartre concede-se um sursis: da filosofia da História, ele se limita por ora a explorar certos dados – uma gama de atitudes possíveis face à História, por exemplo, do fatalismo resignado ao engajamento marxista, passando pelo niilismo, ao menos próximo dele –, mas sem se restringir a teorizar: essa será a tarefa da *Crítica da razão dialética*. No que diz respeito a essa exigência, o romance funciona, por sua vez, como um laboratório e como uma moratória.

Laboratório em que Sartre pode também se oferecer o prazer de inventar uma forma, que misturará várias tradições mais ou menos recentes, em uma dosagem hábil. Tradição do romance histórico, uma vez que são encenados personagens oficiais e que as histórias de amor são feitas como espelho da História: daí a "violação" de Ivich aparece em paralelo com a da Tchecoslováquia pelas potências aliadas, que a despedaçam em setembro de 1938 para resolver a crise, mas também o desejo de Mathieu por Irène, um nome que significa paz. Tradição do romance de montagem, uma vez que Sartre vai mais longe do que Dos Passos, integrando muito fortemente na história os documentos, cujo romancista americano exibia a diferença com grande reforço de processos tipográficos, criando uma continuidade muito maior entre os diferentes pontos de vista, linhas de ação e segmentos textuais por viés de articulações ou de uniões virtuosas: *sartor*, aquele que conserta, aquele que costura. Uma tradição do romance de atualidade, pouco conhecido pelos críticos que se interessaram pelos *Caminhos da liberdade*: André Chamson publicou *L'Année 1933*, em 1934; e no começo de 1939, *La Galère*, que relata o 6 de Fevereiro de 1934; Paul Nizan lançou, em 1935, *Le Cheval de Troie*, cuja ação se situa no verão de 1934, e como esquecer que André Malraux publicou *L'Espoir*, em 1937, quando a Guerra da Espanha não havia terminado? Tradição, enfim, que se criou nos anos 1930, do romance-reportagem, conduzindo ao desejo de aproveitar o presente, até mesmo o instante, em seu irredutível sabor e em seu fugidio valor, mas que Sartre retoma criticamente, mostrando que ele não é tão simples de "colar" ao acontecimento, e de não se encontrar, apesar de estar desafinado, fora de compasso: seja atrasado (Stephen Hartley, jornalista americano que acredita na França eterna de Giraudoux), seja adiantado (um jornalista anônimo da *L'Humanité*, que toma seus desejos de guerra com a Alemanha como realidade).

Desse modo, Sartre gira o pião para retomar uma metáfora que define a obra literária em *Que é a literatura?*. Quando pensei em trabalhar este autor, no começo dos anos 1980, ouvi muito dizer que o dito pião estava parado, caiu, estava morto – ultrapassado, Sartre, enterrado na política. Meus esforços críticos foram para revitalizá-lo, enfatizando seus jogos com a cultura, a sutileza de sua ironia, e um interesse pela linguagem que se nega voluntariamente (Louette, 1982).

Uma última palavra, uma última análise ainda. O que faz a grandeza de uma obra? Uma resposta possível consiste em invocar o critério da fecundidade: Heredia não é Rimbaud, "*Os troféus* não deram nada; *Uma temporada no inferno* dá meio século de poesia", obra de valor é aquela que "ajuda o porvir a tomar forma" (Picon, 1996: 186; 188). Eu me limito a um único exemplo: sem *Sursis*, nada de Claude Simon, ou um Claude Simon menor. Dessa forma, o uso dos pronomes pessoais com vários referentes, constantes em *Sursis*, eis um truque que Simon retoma. Neste múltiplo pesadelo do qual a guerra é o tema, passagem a que eu já me referi, quando Sartre escreve "(ele) caíra de barriga, não tinha mais pernas", o pronome pode remeter-se tanto a Charles (inválido que não pode caminhar), quanto a Mathieu (que se vê transformado em uma bola e depois em bomba), quanto a Pierre que, em um instante anterior, estava fugindo "a toda", quanto, em uma vivência coletiva, aos três ao mesmo tempo (Sartre, 2005c: 181). Ora, no seu romance *La Route des Flandres*, que ganhou o Prix Médicis, em 1960, Claude Simon recorre exatamente ao mesmo procedimento. Em um segmento de frase como: "o chumbo leva a metade da cabeça", é suficiente referir-se ao texto e compreender que ele designa, a um só tempo o soldado Wack e o seu capitão de Reixach, ambos mortos em maio de 1940, mas também o ancestral (Reixach), que provavelmente se suicidou mais de um século antes. Poder-se-ia facilmente fazer a mesma demonstração a propósito das frases de eixo, suscetíveis de remeter a dois personagens ao mesmo tempo.[23] Mas voltemos ao exemplo retirado de *La Route des Flandres*: nós o vemos – já que duas épocas diferentes estão envolvidas –; Claude Simon, por sua vez, prolonga

Sartre e tenta encontrar algo novo na forma, como ele já tinha tomado: a superposição em uma única frase, não mais de dois (ou três) personagens e momentos simultâneos, mas de dois momentos distintos do presente e do passado. Inovação, certamente, mas impossível sem o apoio ou o trampolim fornecido por Sartre, e, aliás, também, provavelmente, por Faulkner. Claude Simon, unanimemente admirado como inventor absoluto, deve muito mais a Sartre do que ele jamais admitiu; não é por acaso que ele possuía a coleção completa de *Les Temps Modernes*. Mas não é isso que importa. O que conta: não é um dos interesses, uma das próprias belezas da história e da crítica literária, revelar as continuidades entre grandes obras, sob as contradições expostas?

Tradução de Marcelo S. Norberto

Notas

1 "Inarticulável" é um termo que Sartre toma de empréstimo de Jacques Lacan, para apontar que a demanda própria do desejo "não é suscetível de um enunciado correto", em suma, ultrapassa toda expressão (Sartre, 1996c: 432).
2 Sartre, 1996c: 930-932 ("Cólera em Calcutá"); 932-934 ("Amboise").
3 Em português: "Tudo está cheio, existência por todo lado, densa e pesada e suave" (Sartre, *A náusea*. Tradução de Rita Braga. Rio de Janeiro: Nova Fronteira, 2005, p. 150). Não é possível perseguir o raciocínio do autor na tradução brasileira. (N.T.)
4 Fingir: porque as "associações livres", aquelas do divã do analista, só seriam "concebidas no discurso oral; é preciso ir rápido, surpreender a si mesmo, confiar-se à própria voz, deixá-la falar" (Sartre, 1996c: 881).
5 Em junho de 1943, Jean Tardieu escreveu a René Tavernier, diretor de *Confluences*, revista da Resistência de Lyon: "Quanto a *As moscas*, vou vê-la amanhã à noite; aqui [no Comitê Nacional de Escritores, do qual Tardieu é membro] as opiniões estão divididas, mas, no geral, a reação é que esta peça deve ser apoiada" (carta reproduzida em *Archives de la vie littéraire sous l'Occupation* [Tallandier / Imec: 2009, p. 239]).

6 Para o que se segue, ver Louette, 1996.

7 Ver ainda Sartre, 1996c: 390: "sempre encontramos uma estrutura intencional para as forças que roubam minha práxis e a utilizam para outros fins" e, portanto, "a seguinte categoria universal: o ato sem autor".

8 Quanto ao Poulou, não resistiu ao prazer de lembrar que, para Max Horkheimer e Theodor W. Adorno (*A dialética do esclarecimento* [1985: 78]), os apelidos são mais "do que risadas petrificadas". Mais também carícias verbais, é claro.

9 A lei de bronze: quem pode fazer obras dignas de se tornarem estátuas?

10 A propósito de Madame Bovary: Flaubert, "Deus seja louvado, nunca soube 'traçar um plano': graças a isso, a 'composição' dessa obra é uma surpreendente maravilha" (Sartre, 1996b: 1.135).

11 Lembre-se de que a facticidade é definida pela "contingência perpetuamente evanescente do em-si que infesta o para-si e o une ao ser-em-si, sem se deixar captar jamais" (Sartre, 2015: 132): contingência do meu nascimento, do meu ponto de vista situado, do meu corpo.

12 Ou ainda em *O idiota*: "A escrita, em geral, reduz a parte do sentido advindo: há o controle, correção, omissão voluntária; principalmente na escrita clássica" (Sartre, 1996c: 880).

13 Doubrovsky contou como, em junho de 1979, apresentou a Sartre sua leitura psicanalítica de *A náusea*, e a reação deste último: "Ali na frente dele, a roubá-lo seu livro. Ele o retoma, em mãos. Da mão do mestre" (Doubrovsky, 1989: 78).

14 Ela fala de uma "escrita assombrada" em seus "Portraits de Sartre lisant" (Idt, 1986: 301).

15 Ela provém de l'*Essai sur les causes et les effets de la perfection et de la décadence dans les Lettres et les Arts*, texto inacabado e póstumo. Ver Guitton, 1995: 191.

16 Sartre, 1996c: 866 ("pulsão totalizadora", "opção totalizante", "pulsão totalizante") ou Sartre, 1996c: 867 ("desígnio geral").

17 Literalmente: à maneira dois. (N.T.)

18 "*À la manière deux*". Referência ao pastiche de Jean-Michel Royer (*À la manière d'eux*). (N.T.)

19 "*Prière d'insérer*". (N.T.)

20 Na tradução brasileira, a expressão foi traduzida como "infesta o mundo", o que anula a dimensão original de impermanência efetiva. (N.T.)

21 Ver Contat, 2008: 75, que se concentra no pessimismo desse romance, muito maior a seus olhos do que *A náusea*.

22 Ele afirma que *A náusea* é "talvez até mesmo o grande romance do século XX".

23 Sartre, passando-se de Boris, o aplicou a Philippe, o narcisista: "– Outro rum, patrão. / Ele ergueu a cabeça e observou as lâmpadas com aplicação. / *O relógio deu as horas na sua frente, em cima do espelho*; via neste o seu rosto (Sartre, 2005c: 266). Simon: "O atirador também está em silêncio. *Seu coração bate violentamente no peito*. Acima dela, quase verticalmente, ela olha sem ver os bigodes de espuma" (Simon, 1975: 93). Nessas duas citações, a ênfase é minha.

Referências

ADORNO, Theodor W.; HORKHEIMER, Max. *A dialética do esclarecimento*. Tradução de Guido Antonio de Almeida. Rio de Janeiro: Jorge Zahar Editor, 1985.

CONTAT, Michel. *Pour Sartre*. Paris: PUF, 2008.

DOUBROVSKY, Serge. *Le Livre brisé*. Paris: Grasset, 1989.

GAUVIN, Lise (*éd.*). *Jean Giraudoux l'écriture palimpseste*. Montréal: Presses de l'Université de Montréal, 1995.

GUITTON, Édouard. "L'Antiquité pour la modernité dans l'inspiration d'André Chénier". *Dix-huitième siècle*, n° 27, 1995.

IDT, Geneviève. "Les modèles d'écriture dans *Les Chemins de la liberté*". Études *sartriennes I, Cahiers de sémiotique textuelle*, n° 2, Paris X: Publidix, 1984. p. 75-92.

______. "Portraits de Sartre lisant". *Lectures de Sartre*. Claude Burgelin éd. Lyon: Presses Universitaires de Lyon, 1986.

LEIRIS, M. "Oreste et la cite" [*Les Lettres françaises clandestines*, n° 12, 1943] repris dans *Brisées*. Mercure de France, 1966 (puis Gallimard, 1992).

LOUETTE, Jean-François. "L'usage littéraire du langage selon Jean-Paul Sartre". *Revue de l'enseignement philosophique*, juin-juillet 1982. p. 29-51.

______. "*La Nausée*, roman du silence". *Silences de Sartre*. Toulouse: Presses Universitaires du Mirail, 1989.

______. "Autour des Mouches". *Sartre contre Nietzsche*. Grenoble: Presses Universitaires de Grenoble, 1996.

______. "Éclats autobiographiques dans *L'Être et le Néant*". *Traces de Sartre*, Grenoble: ELLUG, 2009.

______. "De l'ironie dans *Le Sursis*". *La Nuit Sartre*, 7 juin 2013, site de l'École Normale Supérieure, Savoirs ENS.

______. "'Érostrate' ou comment infecter le langage des Justes". *Sartre et Beauvoir, roman et philosophie*. Nouvelle collection Langages. Genève: La Baconnière, 2019.

MADAME DE STAËL. *Corinne ou l'Italie* [Première partie, livre VII, ch. 1]. Folio. Paris: Gallimard, 1985.

MARCEL, G. "Reprise des *Mouches*". *Nouvelles littéraires*, 18 janvier 1951, repris dans *L'Heure théâtrale. De Giraudoux à Jean-Paul Sartre*. Paris: Plon, 1959.

MARION. Jean-Luc. *Sur l'ontologie grise de Descartes*. Paris: Vrin, 1975.

MERLEAU-PONTY, Maurice. "*Les Mouches*" [*Confluences*, septembre-octobre 1943] repris dans *Parcours 1935-1951*. Paris: Verdier, 1997.

PICON, Gaëtan. *L'Écrivain et son ombre*. Coll. Tel. Paris: Gallimard, 1996 [1953].

SARTRE, Jean-Paul. *Situações X*. Tradução de Pedro Tamen. Lisboa: Edições António Ramos, 1977.

______. *La Nausée*. Œuvres *romanesques*. Paris: Gallimard, 1981.

______. Œuvres *romanesques*. Paris: Gallimard, 1981b.

______. *Lettres au Castor et à quelques autres*, t. 1 (22 octobre 1939). Paris: Gallimard, 1983.

______. *O imaginário*. Tradução de Duda Machado. São Paulo: Ática, 1996.

______. *O idiota da família*, volume 2. Tradução de Ivone C. Benedetti. Porto Alegre: L&PM, 1996b.

______. *O idiota da família*, volume 1. Tradução de Ivone C. Benedetti. Porto Alegre: L&PM, 1996c.

______. *O idiota da família*, volume 3. Tradução de Ivone C. Benedetti. Porto Alegre: L&PM, 1996d.

______. *Questão de método. Crítica da razão dialética*. Tradução de Guilherme João de Freitas Teixeira. Rio de Janeiro: DP&A, 2002.

______. *O que é a literatura?* Tradução de Carlos Felipe Moisés. São Paulo: Ática, 2004.

______. "Sobre John dos Passos e 1919". *Situações I – Crítica literária*. Tradução de Cristina Prado. São Paulo: Cosac Naify, 2005.

______. *O muro*. 20ª ed. Tradução de H. Alcântara Silveira. Rio de Janeiro: Nova Fronteira, 2005b.

______. *Sursis*. Tradução de Sérgio Milliet. Rio de Janeiro: Nova Fronteira, 2005c.

______. *Situações I*. Tradução de Cristina Prado. São Paulo: Cosac Naify, 2005d.

______. *As palavras*. Tradução de J. Guinsburg. Rio de Janeiro: Nova Fronteira, 2005e.

______. *O sequestrado de Veneza*. Tradução de Eloisa Araújo Ribeiro. São Paulo: Cosac Naify, 2005f.

______. *Situations I*. Paris: Gallimard, 2012.

______. *O ser e o nada*. Tradução de Paulo Perdigão. Petrópolis: Vozes, 2015.

______. *A transcendência do ego*. Tradução de João Batista Kreuch. Petrópolis: Vozes, 2018.

SCIPION, R. *Prête-moi ta plume*. Coll. La plume au vent. Paris: Gallimard, 1946.

SIMON, Claude. *Leçon de choses*. Paris: Minuit, 1975.

TROYAT, Henri. *L'Araigne*. Paris: Éditions J'ai lu, 1998.

VALÉRY, Paul. "Littérature". *Tel quel* [1941]. Folio. Paris: Gallimard, 1996.

WALTER, Philippe. "La nausée à Bouville. *Melencolia* sartrienne et saturnienne". *Malaise dans la ville*. Sylvie Freyermuth et Jean-François P. Bonnot éd. Peter Lang, 2014.

Entre o pedestal e o cepo: Sartre e Céline em 1945. Variações em torno das noções de literatura engajada e de responsabilidade do escritor

Baptiste Grasset

Dedico este artigo a "L'Oncle Martin" e a "L'Oncle Gaston"[1]

Nous entrerons dans la carrière,
Quand nos aînés n'y seront plus;
Nous y trouverons leur poussière
Et la trace de leurs vertus.[2]
"Verso das crianças", *La Marseillaise*

O Homem é quase tão humano quanto a galinha é voadora.[3]
Louis-Ferdinand Céline, *Mea Culpa*

Nada queremos dizer senão que a dignidade do homem é maior do que a da pedra ou da mesa. Pois, queremos dizer que o homem, antes de mais nada, existe...
Sartre (1987: 4)

À guisa de abertura, duas cenas. A primeira não é muito conhecida, porém materialmente documentada por diversas fontes.[4] A segunda talvez esteja muito mais familiar àqueles que frequentam as biografias de certos grandes autores franceses do século XX.[5]

A primeira cena ocorreu em 19 e 20 de junho de 1940 e concerne ao final da odisseia protagonizada por uma ambulância, dirigida por uma dançarina. O caótico périplo desse veículo havia começado em 10 de junho, em Sartrouville, um município então operário na periferia de Paris. O carro e seus ocupantes (além da dançarina, um jovem enfermeiro incompetente com mania de mão-boba, um médico competente e taciturno de meia-idade, acompanhado de três pacientes: uma senhora idosa e beberrona, mais dois recém-nascidos famintos) haviam rumado mui penosamente por mais de uma semana em direção ao sul da França, apenas conseguindo percorrer pouco menos de consternadores 300 quilômetros para, afinal, encalhar em Issoudun (um fim de mundo como existem tantos no centro rural do país), onde se viram obrigados a mudar de rota, trocando o sul para o oeste. Mais dois dias de estrada, pontuados de curtas paradas de fortuna, e, em 19 de junho, tarde da noite, eles haviam chegado exaustos, porém sãos e salvos, em La Rochelle, porto do litoral atlântico. Qual fora o motivo de tantas dificuldades e de tanta demora? Àquela altura, a França estava tomada fazia semanas por uma onda de desordem e anarquia de proporções bíblicas: com efeito, desde o fim da "Guerra estranha"[6] e da invasão fulgurante dos Países Baixos, da Bélgica e de Luxemburgo pelas tropas alemãs a partir de 10 de maio, centenas de milhares de civis destes países haviam caído na estrada fugindo do fogo inimigo, logo imitados, no mês seguinte, por milhões de habitantes das grandes cidades do Norte e do Leste da França, sobretudo a contar da "penetração de Sedan"[7] pelas temidas *Panzerdivisionen*.

O resultado, apesar de previsível, é dificilmente descritível: as estradas do país inteiro ficaram lotadas de famílias errantes (amputadas dos pais e maridos em idade de fazer a guerra), constituindo uma multidão apavorada de 10 milhões de civis (para uma população francesa total de cerca de 42 milhões), correndo da progressão rápida dos blindados da *Wehrmacht* e dos bombardeios incessantes da *Luftwaffe*. A desorganização era total, e ainda agravada – se possível – pelo fato de o governo francês ter de se deslocar às pressas de Paris até Bordeaux, no litoral atlântico, uma vez que as tropas do Terceiro Reich já estavam prestes a cruzar o rio Sena e, portanto, a cercar a capital. Noventa por cento dessa massa nômade estava a pé, desorientada, à mercê dos inelutáveis aproveitadores que, em tamanhas circunstâncias de salve-se quem puder, costumam não enxergar nas penúrias senão oportunidades de lucro; ela carregava consigo sacos e malinhas de fortuna que continham os poucos pertences que conseguira resgatar no pânico e na precipitação da fuga. Os velhos, os feridos e os doentes estavam sendo carregados em carrinhos de mão ou levados amarrados à garupa de bicicletas. As condições de higiene se tornaram rapidamente deploráveis e a falta d'água generalizada, apesar da admirável solidariedade do campesinato francês. Quem tinha pernas e coragem andava, mas, com regularidade de metrônomo, precisava se jogar sem cerimônia aos fossos laterais das estradas sempre que o ruído inquietante de algum motor de avião voltava a interromper o choro das crianças e os bate-bocas que, dia e noite, opunham os pedestres aos raros sortudos que, não obstante desfrutassem do luxo de um automóvel, ainda assim exigiam dos caminhantes que lhes cedessem o asfalto por completo. Como milhões de franceses e de belgas, os ocupantes da ambulância passavam aqueles dias sob a ameaça permanente dos mergulhos a pique e dos tiros dos aviões *Stuka* e sob o terror dos bombardeios que, com frequência cada vez maior, alvejavam as infraestruturas de produção e de transporte, em particular as redes rodoviárias e ferroviárias, as fábricas, os armazéns e as pontes. Ninguém tinha mais a menor dúvida: esse êxodo de 1940, o maior deslocamento de população civil em séculos na Europa, prenunciava uma derrota humilhante e calamitosa. Por isso, durante 24 horas, em 19 e 20 de junho, em meio ao colapso repentino e completo das Forças Armadas francesas e à retirada das britânicas, o médico soturno, recém-liberado de suas obrigações militares,[8] só teve uma ideia fixa: entregar seus pacientes e a ambulância aos cuidados do hospital de La Rochelle e sondar as autoridades militares para saber se havia como ele e a esposa (a dançarina-motorista)[9] embarcarem para a Inglaterra a bordo de um dos navios ancorados no porto local. Apesar de sua insistência, e do peso incontestável de suas "credenciais" (ele já havia morado em Londres, era bilíngue, podia se valer de 15 anos de experiência como médico higienista e havia sido herói da Primeira Guerra Mundial), ele foi informado de que todas as vagas já estavam ocupadas. Ele teria de aguardar alguns dias. Naquelas circunstâncias, ele bem entendia o que isto significava: nunca sairia de La Rochelle. Pois, assim como a imensa maioria de seus concidadãos, o médico sabia que, três dias antes, em 17 de junho, o marechal Pétain[10] anunciara que iria se sentar com seus homólogos alemães para assinar o armistício: a capitulação era, portanto, iminente e, muito em breve, os portos franceses ficariam sob estrito controle dos "boches".[11] Ademais, assim como a imensa maioria de seus concidadãos, o médico ignorava que, um dia após a declaração pública do "glorioso" marechal, ou seja, em 18 de junho, um oficial de parco renome, recém-promovido ao generalato, um tal de De Gaulle, refugiado em Londres, pronunciara nas ondas da BBC um apelo que conclamava os franceses a se juntarem a ele para continuarem a guerra e resistirem às tropas inimigas e aos traidores dispostos a entregar o país a Hitler. Aliás, mesmo que tivesse ouvido tal apelo, é provável que o médico não iria querer resistir: gravemente ferido durante a guerra de 1914-1918, escandalizado pela rapidez da derrota e pelas colunas de veículos militares franceses que ele havia flagrado longe, muito longe da linha de fogo durante o périplo na ambulância,[12] ele queria jogar a toalha e ansiava por paz e distância entre ele e os perigos. Vinte e cinco anos antes, durante a outra guerra, já fora para Londres onde ele buscara descanso depois de sua desmobilização honrosa, por motivo de ferimentos graves. Então, seria Londres, outra vez? Não. Depois de 24 horas em La Rochelle, o médico já havia perdido toda esperança de embarcar. Os navios continuaram saindo do porto durante um, dois dias, lotados: hoje em dia, sabe-se que se contavam entre os passageiros destas embarcações muitos dos primeiros membros das futuras Forças Francesas Livres (matriz da Resistência), que iriam se juntar a De Gaulle na Inglaterra.[13] Em 22 de junho, o armistício foi assinado. Logo, em La Rochelle, as partidas para Londres cessaram, e o médico resolveu voltar, com a morte na alma por assim dizer, para Sartrouville, o que demoraria mais três semanas. E foi assim que Louis-Ferdinand Destouches, também conhecido como romancista sob a alcunha de Louis-Ferdinand Céline, o próprio, aquele que, antes do desfecho da guerra, seria condenado à morte por traição pela Resistência francesa, e que, depois da guerra, seria notoriamente citado como exemplo-mor de escritor colaboracionista, simpatizante nazista e antissemita impenitente, acabou *não* passando a guerra em Londres, para rumar em direção ao cepo.

> Tá se dando conta? Do jeito que estreei [no mundo das letras]... Se eu não tivesse brincado de querer proferir certas verdades... O pedaço todo seria meu... O grande escritor

> mundial da "Esquerrrda"... O arauto do sofrimento humano, da mais absurda babaquice... E sem ter que disfarçar nada, hein, tudo em tom bem cômico. Bardamu... Prêmio Nobel!... Comparados a Céline, aqueles Aragon, Malraux, Hemingway não passariam de pangarés insípidos... Eu seria bilionário... Gigante laureado... *Doctor Honoris Causa*... Imagine só, cumpadi![14]

A segunda cena aconteceu em 13 de janeiro de 1945, no aeroporto de La Guardia, em Nova York. Um DC-8 aterrissou depois de uma viagem transatlântica que durara 50 horas e envolvera três correspondências. Inútil dizer que, uma vez chegados a bom porto, seus passageiros estavam exaustos. Tratava-se de oito jornalistas franceses, escolhidos a dedo pelo OWI (Office of War Information), órgão de propaganda de guerra do Departamento de Estado norte-americano, no intuito de passarem dois meses no solo estadunidense e de relatarem os detalhes do esforço de guerra gigantesco do país que estava liderando a libertação da Europa ocidental desde os desembarques da Provença em 15 de agosto de 1943[15] e da Normandia em 6 de junho de 1944.[16] Os referidos jornalistas haviam sido selecionados por serem membros da Resistência francesa. Dentre esse grupo de duas mulheres e seis homens, se destacava um autor de fama muito recente, ainda modesta, porém crescente nos círculos da intelectualidade da Costa Leste: Jean-Paul Sartre, cujo artigo "A república do silêncio", publicado em setembro de 1944 no primeiro número da revista *Les Lettres Françaises*,[17] fora prontamente traduzido e publicado na prestigiosa revista *The Atlantic Monthly*, em dezembro do mesmo ano, ou seja, um mês antes da chegada do grupo de jornalistas franceses a Nova York. Neste artigo, o trecho que suscitava comentários admirativos e intensos debates desde sua publicação era, sem dúvida, a sua primeiríssima frase, que enfatizava, em tom aparentemente paradoxal, que os franceses nunca haviam sido "tão livres como durante a Ocupação alemã" (Sartre, 1976: 11), o que significava que a liberdade não é um estado nem um direito garantido e sim uma atividade e uma exigência elevada, tenaz, imperiosa, que ela não se negocia mas se faz, e antes se mede com clareza nas provas, nos perigos, no esbarro constante com o risco iminente de sua negação. A radicalidade da exigência ética inerente à clandestinidade armada em tempos de guerra dificilmente poderia ter encontrado uma formulação mais potente e profunda do que neste lema sartriano. É, portanto, fácil entender por que o artigo em que ele consta revelou-se tão marcante junto a uma opinião pública americana que – depois de três anos de sacrifícios em grande parte consentidos em prol de um Velho Continente ao mesmo tempo admirado e incompreensível, muito familiar[18] e muito estranho[19] (no fundo, indecifrável de tanto mesclar sofisticação cultural mais que bimilenar e barbárie homicida renitente) – era deveras ávida de novos rostos e de novas visões do homem e do mundo provenientes da Europa, que fossem à altura íngreme dos acontecimentos trágicos da hora e demonstrassem nítida consciência das questões próprias à nova era prestes a surgir das ruínas deixadas pela guerra mais sangrenta de toda a história humana.

No fundo, convidar esses jornalistas, além de responder a uma necessidade de propaganda útil para popularizar a ideia de uma América amigável e invencível junto à opinião pública francesa, também oferecia a oportunidade de esclarecer os americanos que perguntavam: "do lado de quem e para quem estamos combatendo tão longe de casa?" Não é de estranhar, por conseguinte, que, em janeiro de 1945, logo que chegou a Nova York, Sartre tenha sido recebido com entusiasmo e tratado como um filósofo capital para lograr se pensar a condição humana sob um feitio visceralmente ético através de um prisma de finitude que as circunstâncias do momento pareciam, de fato, pautar de modo imperioso. Porém, tratemos de não incorrer num anacronismo: de fato, seria ledo engano acreditar que, em 1945, Sartre era convidado pelos norte-americanos *na qualidade de filósofo*. Suas declarações só receberam audiência naquela ocasião porquanto quem as proferia estava sendo oficialmente acolhido pelos Estados Unidos *na qualidade de herói da Resistência francesa* e, portanto, na de companheiro de armas dos *G.I's* que, naquele exato momento, ainda estavam lutando e morrendo do lado de lá do Atlântico. *A esse título, e somente a esse título*, seus anfitriões o julgavam habilitado a definir o Bem e o Mal, e aceitavam de bom grado que ele designasse nominalmente os Amigos e Inimigos da Liberdade. Mas, tem um porém: essa aura heroica que os interlocutores americanos de Sartre chancelavam de boa-fé quando o entrevistavam, e que conferia peso e legitimidade às palavras do filósofo, simplesmente não era dele... e sim de outro! Pois, se Sartre viajara até lá, fora a pedido de Albert Camus, e justamente para substituir este no papel de enviado especial do jornal *Combat*, um dos órgãos de imprensa do "Maquis".[20] Ora, ao passo que Camus fora membro ativo e influente da Resistência, a contar de 1943, sob o pseudônimo Albert Mathé, Sartre fora no máximo um simpatizante tímido e inexpressivo. Sejamos claros: ele não foi colaboracionista. Mas talvez seja o caso de compactuar com certa crueldade para lograr descrever de modo adequado as limitações do engajamento concreto do autor de *O ser e o nada* a favor da liberdade entre 1940 e 1944: Sartre foi, digamos, um resistente *in petto*, cujas atividades eram clandestinas a ponto de serem secretas inclusive para a própria Resistência. Nada, portanto, que se pudesse comparar, de perto ou de longe, com os quase ditirambos que as revistas *The Atlantic Monthly* e *Vogue* publicaram acerca dele, respectivamente em dezembro de 1944 e em julho de 1945: "Jean-Paul Sartre é um poeta e dramaturgo francês que se destacou como um dos chefes militares das FFI[21] durante os longos anos da Ocupação alemã"; "homem da Resistência, Jean-Paul Sartre parece com os homens das barricadas nas fotos da Insurreição de Paris."

Em suma, Sartre não podia ignorar que, ao endossar (fosse por omissão) o equívoco de seus anfitriões americanos, ele usurpava o prestígio político e a legitimidade moral dos Resistentes à Ocupação nazista na precisa hora em que os combates na Europa estavam chegando à reta final, não deixando muita dúvida quanto à identidade dos futuros vencedores do conflito. Ora, inegavelmente, ele se furtou a dissipar esse quiproquó. Outrossim, sem sombra de dúvida, ele se beneficiaria de forma muito durável dos efeitos do mesmo junto à opinião pública internacional. Caso se apliquem a essa situação os severos critérios éticos existencialistas, torna-se árduo não a aquilatar como sendo um exemplo flagrante de má-fé; pois, o oportunismo deste silêncio de Sartre consistiu, segundo tudo indica, em pegar carona no sacrifício alheio para erguer um pedestal à sua efígie, durante o *happy hour* das apostas fáceis e seguras, ou seja, à véspera da capitulação das forças do Eixo, agora que os perigos estavam se afastando para bem longe.[22]

Contudo, não é, de perto ou de longe, o projeto do presente artigo gastar tinta, papel e tempo, nem para emendar o epitáfio de Louis-Ferdinand Céline[23] por meio de conjeturas acerca daquilo que "poderia ter acontecido se porventura...", nem para julgar moralmente Jean-Paul Sartre sobre a base da distância, no mínimo imensa, e talvez abismal, que separa a lenda do resultado do exame, mesmo moderadamente atento, dos fatos documentados concernentes à sua vida e às suas ações no decurso dos anos 1940-1944. Primeiramente porque, no caso de Céline, o fato de ele não ter conseguido ir para Londres em 1940 se vê preterido e até ofuscado pelo fato de ele ter conseguido, sim, ir à Alemanha em 1944, com armas e bagagens, sob a proteção dos nazistas; e porquanto, no caso de Sartre, embora tenha sabido se aproveitar, e muito, das ambiguidades e dos quiproquós de sua viagem à América, em 1945, para se transformar no filósofo de todas as Resistências, ele não relutou, ulteriormente, em ressaltar com frequência quão culposamente passiva havia sido, afinal, "sua" Resistência de 1941 a 1944. De resto, mesmo antes disso, à leitura dos próprios artigos de 1944 que fizeram tanto para a sua fama de filósofo da França Livre,[24] consta que Sartre, embora reunisse Resistentes e franceses comuns na mesma república do silêncio e da noite, tacitamente solidária contra a ameaça nazista e colaboracionista, já deixava bem claro que os primeiros constituíram uma elite enquanto o grande número – que incluíra ele mesmo, Jean-Paul Sartre – antes se portara de modo deveras ambíguo nos dias sombrios da Ocupação alemã. Em suas próprias palavras: "Será que entender-me-ão se eu disser que, ao mesmo tempo, [a Ocupação] era intolerável, e que contentávamo-nos dela de muito bom grado?" (Sartre, 1945; 1976: 24) Em segundo lugar, focar na primeira metade dos anos 1940 para avaliar a ação e a responsabilidade de Sartre, embora não seja de todo arbitrário ou descabido (estamos falando de nada menos que uma guerra mundial), mesmo assim não deixa de se revelar injusto a julgar pelo seu percurso das décadas seguintes: de fato, é dificílimo negar que, a contrapelo desta sua Resistência para lá de discreta, sua militância ubíqua e incansável dos anos 1950 e 1960 contra o colonialismo e o imperialismo manifestou constantemente uma vontade de colocar seus atos em conformidade com seus escritos, nem que fosse arriscando a própria vida.[25] Por exemplo, durante a Guerra da Argélia, o mínimo que se pode constatar é, parafraseando Céline, que Sartre colocou sua pele na mira dos atiradores. As bombas da OAS[26] que, no dealbar dos anos 1960, destruiriam duas vezes o apartamento de Sartre em Paris constituem, a meu ver, uma resposta clara o bastante a quem ousaria questionar a coragem do filósofo.[27] Ademais, que Sartre não logre sair ileso da escrupulosa aplicação à sua biografia, toda a sua biografia, de seus próprios termos, crivos e critérios ontológico-morais existencialistas, tais como são articulados de forma cabal nas páginas de *O ser e o nada* em específico, não significa que tais conceitos sejam inválidos. Muito pelo contrário: pode ser que se vejam confirmados e até reforçados se utilizados para fins de exame objetivo das insuficiências pessoais e biográficas do próprio homem que os lavrou. Outrossim, o autor destas linhas há de confessar sua exasperação ante a postura, cada vez mais corriqueira na cultura contemporânea, adotada por certa laia de promotores autoproclamados, forçosamente infalíveis, que exercem seu feroz ministério moral a respeito dos homens e dos fatos de outrora, e cuja imparcialidade sobranceira reside tão só e exclusivamente no pobre feito de lograrem respirar muito tempo depois dos mesmos. *Data venia*, esse suprematismo do presente, oco e detestável, coaduna o estupor místico de uma escatologia em geral inconsciente e exausta com o conformismo mimético dos gados que, no afã de conjurarem sua gritante inocuidade, se sonham matilhas pelo simples fato de farejarem supostas pistas deixadas por fantasmas que eles vêm ressuscitando ao talante e capricho das frustrações do momento, isso para fingirem digladiar-se sem grande risco com tais adversários desprovidos do direito à tréplica, e quiçá se apossarem de uma parcela, por tênue que seja, do prestígio póstumo destes na precisa hora em que os contestam. Queira o leitor acreditar, portanto, que o intuito da presente reflexão é outro. Para lograr circunscrevê-lo, valer-me-ei do auspício de alguns versos cunhados por um dos maiores poetas franceses, Aragon, o qual desempenhou, aliás, um papel na *Situação* que tentarei retratar e pensar ao longo das próximas páginas:

> *C'était un temps déraisonnable / On avait mis les Morts à table / On faisait des châteaux de sable / On prenait les loups pour des chiens / Tout changeait de pôle et d'épaule / La pièce était-elle ou non drôle ? / Moi, si j'y tenais mal mon rôle / C'était de n'y comprendre rien.*
>
> Aqueles eram tempos desrazoáveis / Havíamos posto os Mortos à mesa / Fazíamos castelos de areia / Tomávamos os lobos por cachorros / Tudo mudava de polo, e de ombros os fuzis / [Querem saber] se a peça era ou não engraçada? / Eu, se vivia mal o meu papel nela / Era porque dela nada entendia (Aragon, 1966, tradução minha). [28]

Caso o leitor me conceda que os ilustres defuntos cujos nomes povoam os dicionários se apresentam diante de nós vestindo a farda das circunstâncias verbalizadas que a posteridade lhes reservou (antes diria Sartre que os encontramos definitivamente fossilizados ou congelados no prático-inerte), então o casal de cenas acima narradas parece flagrar duas liberdades consideráveis (as de Céline e de Sartre) na encruzilhada da história, no preciso momento de seu esbarro com eventos ou situações que desempenharam o papel de divisores de águas, ou de aceleradores existenciais, determinando, a esse título, boa parte dos termos de sua sedimentação ulterior, isto é, de sua captação por ideais, ideias, lutas, lados, partidos e/ou círculos: aqui, em suma, surpreendem-se duas liberdades como que "à paisana", dois *para-si* imersos na tarefa de existirem, isto é, de esculpirem seu sentido, queiram (caso de Sartre) ou não (caso de Céline). Junho de 1940 e janeiro de 1945 representam guinadas destinais: a partir daquela data, Céline se fossilizou gradativamente numa posição aparentemente irreversível de proscrito; a contar desta, Sartre transmutou-se e cresceu em direção à assunção de uma posição de autoridade moral inconteste. Tem mais: as duas trajetórias, a da queda de Céline e a da ascensão de Sartre, se cruzaram objetivamente. Destarte, em 9 de setembro de 1944 (ou seja, 15 dias após a Libertação de Paris), foi publicado o *Manifesto dos escritores franceses*, que estabeleceu uma lista negra de colaboracionistas e conclamou os tribunais da Libertação a aplicar a estes o "justo castigo dos impostores e dos traidores." Entre os signatários: Mauriac, Bost, Camus, Eluard, Leiris, Paulhan, Queneau, Sartre, Tardieu, Vercors, Aragon, Cassou, Prévost, Malraux. Entre os alvos: Brasillach, Céline, Drieu La Rochelle, Giono, Guitry, Maurras, Montherlant. Certos signatários haviam sido Resistentes da primeira hora (desde 1940-1941): Paulhan, Cassou, Tardieu, Vercors, Prévost. Alguns, fiéis à linha stalinista do Partido Comunista Francês, haviam aguardado a ruptura do Pacto Nazi-Soviético para aderirem à luta clandestina contra o Ocupante (em 1941-1942): Aragon, Triolet, Eluard. Outros haviam abraçado a luta clandestina mais tardiamente ainda (em 1943-1944), porém a intensidade dos riscos por eles assumidos e a eficácia de seu empenho dispensavam de antemão qualquer reserva quanto a seu percurso durante a guerra: estes eram o caso de Malraux e o de Camus por exemplo. Outros, depois de terem se destacado pelo seu heroísmo na linha de frente durante a guerra de maio-junho de 1940, não aderiram à Resistência e foram cooptados por um ou vários dos demais signatários: Bost, por exemplo, gravemente ferido durante a *Blietzkrieg* quatro anos antes. Outros, enfim, mesmo não tendo protagonizado atividades nas fileiras da clandestinidade armada, no entanto haviam sido simpatizantes dos "*maquisards*":[29] caso de Leiris, Sartre ou Queneau.[30] Quem era Sartre no momento em que ele assinou o *Manifesto*? Um romancista publicado ainda no período pré-guerra, em 1938, que auferira certo sucesso crítico com *A náusea*; um dramaturgo, autor da peça *As moscas*, encenada em 1943, na Paris ocupada, e que seria amplamente tida no pós-guerra como um hino velado à liberdade e à Resistência francesa; um filósofo recém-autor de um ensaio monumental, *O ser e o nada*, publicado em 1943,[31] que não fora muito divulgado; outrossim, um membro do Comitê Nacional dos Escritores[32] desde o final de 1942; um amigo de Albert Camus desde 1943; e, enfim, por intermédio deste, um articulista do jornal resistente *Combat* desde o primeiro semestre de 1944. Note-se: no final de 1944, na capa do mesmo número inaugural de *Les Lettres Françaises* em que publicava "A República do silêncio", o filósofo constava entre as autoridades morais, forçosamente ungidas pela Resistência naquele preciso contexto, que acusavam nominalmente de traição quem fora, de fato, o autor do panfleto antissemita *Bagatelas para um massacre* (1937) e do panfleto pró-aliança com Hitler *A escola dos cadáveres* (1938). Juridicamente, havia um problema: os dois escritos datavam do período pré-guerra, eram anteriores à Ocupação e, portanto, não podiam, senão retroativamente, ser considerados obras colaboracionistas. Porém, naquele preciso contexto, o da justiça expeditiva dos primeiros dias de "l'Épuration", do grande "Expurgo" visando a castigar os franceses culpados de colaboração com o ocupante nazista, tais detalhes eram insignificantes.[33] A acusação possuía a força exata da legitimidade político-moral da organização de que se valiam os signatários: a Resistência. A lisura jurídica e processual da comprovação dos atos de traição perpetrados pelos réus tendia, de praxe, a ser automaticamente garantida por essa força, agora vitoriosa: *Vae victis!*[34] Por isso, embora Céline não tivesse assumido a autoria de artigo algum na imprensa colaboracionista entre 1940 e 1944 (a contrapelo de Sartre, por exemplo)[35] e embora tivesse limitado sua atuação na vida literária da Ocupação à publicação de *Guignol's Band*, um livro de recordações pitorescas de sua estadia em Londres nos anos 1915-1916, e à de um terceiro panfleto, *Os maus lençóis*[36] (cujo tom se revelara deveras inócuo se cotejado com o de seus dois antecessores, e que, de resto, fora censurado e proibido pelo governo do marechal Pétain, por motivo de antipatriotismo), ele bem sabia o que o aguardava. Sobretudo a partir de 1943, isto é, desde que ele passara a esbarrar com caixões em miniatura na porta de seu apartamento de Montmartre. Ademais, em que pese ter Céline se recusado notoriamente a colaborar,[37] também era notório, entretanto, que ele frequentava amigavelmente muitas personalidades pertencentes à média e à alta Colaboração. Não era de estranhar, por conseguinte, que ele já tivesse deixado Paris meses antes da publicação de seu nome entre os réus do *Manifesto*, mais exatamente em 17 de junho de 1944, ou seja, 11 dias após o desembarque aliado na Normandia, e 14 dias após a encenação inaugural de *Entre quatro paredes*, a nova peça de Sartre, no Théâtre du Vieux Colombier. O vizinho e amigo de

Céline, Chamfleury, um dos chefes da Resistência parisiense, oferecera abrigá-lo num "*maquis*" da Bretanha, até que os expurgos cessassem. Céline declinara a oferta, pois duvidara ser este escudo capaz de protegê-lo dos ataques iminentes. Difícil discordar dele: o escritor nazista francês Drieu, um dos nomes da lista negra do *Manifesto*, embora pudesse se valer de amigos próximos então poderosos (como Malraux e Aragon, dois dos signatários do *Manifesto*, cujos prestígios respectivos no seio da Resistência, em particular gaullista para o primeiro, e comunista para o segundo, não deixavam nada a dever à de Chamfleury), se suicidaria em 1945 à véspera de sua prisão.[38] Outro exemplo: o editor de Céline, Robert Denoël, que, apesar do respaldo de sua fortuna e de proteções que atuavam nos altos escalões do governo da França libertada, morreria em Paris, assassinado em plena rua, em circunstâncias nunca elucidadas, em dezembro de 1945, ou seja, seis meses depois do armistício, mas nos últimos dias de vigência legal de "L'Épuration".[39] Onde Céline podia se refugiar em 1944? Nenhures, senão na boca do leão.[40] Nestas circunstâncias, exatos quatro anos após ele ter sido barrado em La Rochelle, o autor da *Viagem* acelerou o passo rumo ao cepo, desta feita propositalmente: resolveu fugir da França e, afinal, acabaria se juntando à *crème* da Colaboração política e intelectual francesa exilada na Alemanha durante os últimos meses da guerra, assinando assim o equivalente de uma confissão dos crimes tecnicamente inexistentes pelos quais fora designado como traidor no *Manifesto dos escritores franceses*.

> Aceito de bom grado ser tido como um imbecil. Cada um tem o direito de dizer que descarrilhei, que sou louco. Agora o que não posso conceber é que me acusem de traição: não participei da vida literária oficial da Ocupação. Apesar

disso, não quero renegar ninguém, e nada tenho contra o fato de subir na carreta junto com os demais condenados, contanto que seja porque eu quero... sou mulher da nata, eu só trepo quando estou a fim.[41]

Uma semana depois da publicação do *Manifesto dos escritores franceses*, a segunda grande peça de Sartre seria reprisada e tornar-se-ia o maior triunfo da primeira temporada teatral pós-Libertação de Paris: "Até que enfim, encontrávamo-nos entre nós para a verdadeira *première* de *Entre quatro paredes*".[42] *Entre nós*, isto é, entre franceses não colaboracionistas; entre franceses não traidores. Na França lavada de seus crimes e resgatada das trevas nazistas, não havia mais lugar para Céline. Alguns meses depois, em janeiro de 1945, enquanto Sartre usurpava o glorioso título de Resistente ao nazismo, em Nova York, Céline fazia de tudo para não mais usurpar o, infame, de Colaboracionista em Sigmaringen.[43] Lá, sob a proteção da *Wehrmacht* em debandada, ele se juntara, desde o final de 1944, às relíquias do governo de Vichy e da Colaboração parisiense, que consistiam em exatos 1.142 fugitivos condenados à morte pela Resistência francesa.[44] Depois da derrota alemã, ainda ocorreria outro exílio: na Dinamarca, onde seria preso em dezembro de 1945 e permaneceria encarcerado durante pouco menos de dois anos, doente, à espera de sua extradição para a França para ali ser julgado.

Antes de 1940, Céline já havia conhecido duas vidas literárias. A irrupção estrondosa desse médico dos pobres no cenário cultural francês em 1932 se fez com o sucesso público avassalador de *Viagem ao fim da noite*, que lhe valeu uma fama sólida de grande escritor da esquerda operária e pacifista. Seu pedestal progressista parecia garantido. Nas páginas desta viagem iniciática ao longo da qual Bardamu (sorte de Cândido pessimista ou de Roquentin que não seria apenas um rentista entediado nem um humanitarista desiludido) vem arrancando sem querer as respeitáveis máscaras sociais da verdade única da vida (o nada da morte e seus ante[des]gostos: o silêncio como verdade das palavras, a solidão como verdade da sociedade e a noite como mortalha de toda ilusão), Céline delineia uma épica picaresca do desespero inerente a nossa modernidade extenuada. Niilismo, anarquismo e individualismo afloram a cada página, não sob forma de distanciações teóricas logicamente articuladas, e sim de evidências vividas na pele de quem sabe estar no cardápio de seu próximo e dos seguintes também. Um exemplo, entre muitos outros: o soldado Bardamu enviado à linha de frente confessa o profundo alívio que toma conta dele quando, de repente, ele constata que um obus inimigo soube resolver o até então maior de seus problemas, ou seja, o oficial francês que queria que ele se arriscasse sob o fogo inimigo e lutasse heroicamente pela pátria. Cabe acrescentar que o espetáculo da agonia do oficial não é exatamente o trecho mais melancólico do livro. Era de se esperar que um romance francês ter acumulado quadros como este, abertamente sacrílegos, antipatrióticos e antimilitaristas, suscitasse seu lote de reações indignadas e até violentas na então superpotência global que saíra vitoriosa, pouco mais de um decênio antes, da Primeira Guerra Mundial. Ora, surpreendentemente, o efeito de uma cena como essa não foi mais um daqueles escândalos literários que soem agitar o mundinho das letras parisienses desde que os grandes processos do Segundo Império contra Flaubert e Baudelaire por atentado às *"bonnes mœurs"* (isto é, aos bons modos) demonstraram que espantar o burguês conta-se entre os meios mais rápidos de garantir o renome de um autor. Pois, ainda que as polêmicas não tenham faltado durante as primeiras semanas que se seguiram à publicação da *Viagem*, em particular quando os jurados da Academia Goncourt[45] negaram-lhe os láureos de seu prêmio em prol da prosa enfadonha de um escritor hoje esquecido,[46] mesmo assim é fato que o impacto do primeiro romance de Céline logo ultrapassou, e muito, as dimensões assaz modestas dos círculos editoriais, literários ou culturais. A julgar pelo sucesso enorme e durável das traduções da *Viagem* em inglês, em alemão e em russo, parece que, 13 anos após o Tratado de Versalhes, toda a Europa dos mártires das trincheiras, abrindo mão do auspício ambivalente das bandeiras nacionais, ou seja, vencedores e derrotados juntos, estava esperando por um relato da guerra de 1914 em termos realistas e nada heroicos. A *Viagem* desempenhou o papel de porta-voz dos milhões de conscritos não raro jogados desde seus 16 anos de idade em meio aos horrores inéditos da primeira grande guerra industrial. Quem rastejara no lamaçal das trincheiras da Meuse, da Flandres ou da Polônia, pisara nas tripas ou nos miolos de seus companheiros de armas, ou inalara eflúvios de gás mostarda ou de gás sarin, fez logo seu o linguajar irreverente e desesperado de Bardamu, assim como o seu retrato dos zés-ninguéns sob o feitio de simples brinquedos descartáveis da plutocracia. Daí a popularidade imensa e ecumênica da *Viagem*, dentro e fora das fronteiras francesas, nos Estados Unidos de Roosevelt, na Alemanha de Hitler e na União Soviética de Stalin. Em 1936, depois de um segundo romance coroado de grande sucesso público, porém desta feita hostilizado unanimemente pela crítica, *Morte a crédito*, que narra em tom tragicômico e com verve niilista redobrada a juventude de Louis, isto é, sua iniciação grotesca aos deleites bem súteis da exploração e da submissão social, inculcada pelos seus pais, eis que Céline, então tido como uma voz pertencente à extrema-esquerda, surpreende duas vezes a crítica e seu leitorado no espaço de 12 meses: a primeira vez no final de 1936, com a publicação de *Mea Culpa*, relato da recente viagem do autor à União Soviética e panfleto anticomunista ferrenho;[47] a segunda vez, no final de 1937, com a publicação de *Bagatelas para um massacre*, panfleto antissemita de uma violência inédita (talvez até maior verbalmente do que a, já deveras acachapante, de *Mein Kampf*) e de um pacifismo delirante ao ponto de ser homicida, que – assim como seu sucessor, *A escola dos cadáveres*, de 1938 – vê na guerra iminente o resultado de mais uma trama urdida pela Conspiração judaica internacional para fins de massacre dos *goyim*. O que são bagatelas? Coisas sem importância. Aqui, o termo designa as palavras de Céline. Desde o título, ele adverte o leitor: num livro, só vão encontrar palavras, ou seja, bagatelas. E o massacre, então? De que massacre se trata? Trata-se daquele que o ex-couraceiro Destouches, escaldado pela carnificina de 1914-1918, teme mais do que tudo, e que ele visa a evitar, custe o que custar: o massacre dos zés-ninguéns. As bagatelas vão tentar conjurar o massacre. Tal empreitada pode ser exitosa? O termo "bagatelas" nos informa o bastante acerca do teor da resposta de Céline a esta pergunta: claro que não. Mesmo assim, ele não pode se isentar nem ficar calado. Ele vai tentar. Tentar evitar outra carnificina de pobres-diabos, a qualquer custo. A qualquer custo mesmo: endossamento compulsivo e frenético de todos os clichês antissemitas, preconização da aliança integral e *a priori* com a Alemanha nazista, proposta de negociações com Hitler acerca do destino dos judeus europeus, a *hybris* do ódio genocida supostamente preventivo não conhece limites. É categórica em Céline a recusa da guerra que se faz em nome de princípios, da guerra que se faz para os outros: deste ponto de vista, seus panfletos ecoam fielmente o alívio "muniquês" que tomou conta de grande parte dos franceses e dos ingleses após Chamberlain e Daladier terem abandonado os Sudetos (e, em verdade, a própria Checoslováquia) a Hitler em 30 de setembro de 1938, para evitar a guerra. Na concepção desse segundo Céline (indissociável do primeiro, uma vez que nasceu do desespero de Bardamu), como na casuística pacifista e antissemita então predominante no seio das classes populares daquele período pré-guerra, enviar milhões de franceses ao massacre para salvar os judeus das perseguições nazistas seria mais um sacrifício gratuito de pobres-diabos, que, por sua vez, ninguém iria defender nem poupar. Assim começa a segunda vida literária de Céline: a de um escritor de extrema-direita, de um panfletário francês racista, antissemita, pró-paz, pró-capitulação, pró-deserção e pró-Hitler.[48] Teriam sido as bagatelas justificativas do massacre vindouro dos judeus pela Alemanha nazista? Segundo os critérios sartrianos, já que Céline se engajou a favor do antissemitismo, ele não podia ignorar que as palavras são armas carregadas, capazes de atirar, capazes de matar. Ou, como escreve em *Que é a Literatura?*, "O escritor 'engajado' sabe que a palavra é ação" (Sartre, 1948). Contudo, da mesma forma, Céline não acreditava que suas palavras pudessem evitar a guerra iminente; ele sempre iria recusar, depois de 1945, o poderio que seus promotores, togados ou não, afirmariam terem nelas detectado na hora de ressaltarem a responsabilidade intelectual do escritor em relação ao genocídio nazista dos judeus ou à zelosa colaboração do regime fantoche de Vichy na agilização local desta tarefa abominável. Ora, era mesmo plausível advogar alguma espécie de flaubertismo naquele contexto do pré-guerra e em relação a questões schmittianas (e, portanto, eminentemente políticas, eminentemente engajadas) como a designação do inimigo? Há mesmo uma diferença de natureza entre a palavra homicida, digamos – parafraseando Austin[49] –, *constatativa* (a individual, do escritor) e a palavra homicida *performativa* (a institucional, do político ou do militar)? O estilo interrompe mesmo a relação de causalidade entre palavra e ato e, junto com esta, a relação de responsabilidade entre autoria da palavra e autoria do ato? Que Céline tenha escrito essas palavras hediondas é fato: aliás, nunca as renegaria, embora não voltasse mais a autorizar sua publicação depois de 1945.[50] Mas, que elas tenham sido mais do que palavras, isto é, mais do que simples bagatelas, Céline sempre o negaria com veemência, como se, para ele, supor que o sentido das palavras engajasse seus autores não passaria de uma armadilha, mais uma, para amordaçar o gado na sua ida forçosamente feliz e dócil ao matadouro. Segundo os critérios de Sartre, essa postura de Céline é um equivalente, para o campo da criação literária, da do tenente alemão Klages em *Os sequestrados de Altona* para o campo do serviço ativo nas Forças Armadas: de fato, esse personagem, campeão do distanciamento mental, que condena os nazistas em seus pensamentos para esconder de si mesmo que está servindo a causa destes em seus atos, é um dos arquétipos do safado, cuja má-fé estrutura inteiramente o projeto existencial efetivo; assim como o autor das *Bagatelas para um massacre* se esconde atrás da inocuidade postulada das palavras que neste panfleto escreveu para não ter de assumir a responsabilidade dos atos que às referidas palavras corresponderam fielmente durante a Ocupação. Para Céline, dizer não é fazer, e as palavras não são ações. Nunca. Que o digam aqueles praças que alvejam o muro em vez do homem amarrado ao poste no instante em que o sargento ordena: "Fogo!" Voltemos a 1938, pois resta contar mais um detalhe significativo quanto ao *Zeitgeist* da época: à véspera da Segunda Guerra Mundial, o sucesso público de Céline seguiu (pasmem!...) quase intacto na França apesar da espetacular transmutação acima retratada. Aliás, em abril de 1938, ou seja, quatro meses após a publicação de *Bagatelas para um massacre*, e enquanto o sucesso editorial gigantesco deste panfleto ainda ressoava em toda a Paris, o primeiro romance de um jovem autor promissor e brilhante ostentava, à guisa de epígrafe, uma citação de Céline. Este romance era *A náusea*. E o jovem autor promissor e brilhante era Jean-Paul Sartre.[51] Cuja liberdade, "à paisana", na época ainda totalmente indefinida, sem contornos bem nítidos, pretendia – pelo jeito – prosperar e iniciar o seu caminho sob a égide de um modelo consagrado, cujo busto já encontrava-se firme e solidamente instalado sobre seu pedestal; um mestre cuja autoridade literária já era, por assim dizer, um fato *em-si*: Céline, pacifista incondicional, isto é, abertamente hitleriano, antissemita e antidemocrata se necessário. O paradoxo era que, desde 1937, Céline estava apostando seu pedestal contra a sobrevinda da guerra que ele sabia ser quase inevitável. Aposta desesperada. Perdida de antemão. Mais uma vez, o prático-inerte da noite e da guerra estava fadado a engolir Céline. Ora, se já é bastante sugestivo em si o fato de Sartre se valer de uma epígrafe de Céline justo no ápice do sucesso da produção panfletária antissemita deste, e se não há razão alguma de duvidar da sinceridade desta homenagem, resta que, mesmo que estejamos errados, isto é, mesmo que tal decisão de Sartre não tenha sido motivada pela admiração por Céline e antes por um oportunismo decerto amoral, porém bastante condizente com a qualidade de autor estreante, então realmente, em 1938, ele ainda padecia de uma intensa cegueira política decorrente do anarquismo individualista desencarnado de sua juventude, e sequer conseguia enxergar o risco que Céline estava correndo com os panfletos. Caso a guerra sobreviesse, e ninguém duvidava mais de que ela sobreviria, Céline poderia ser acusado de traição e sua cabeça era capaz de cair prontamente do pedestal para o cepo. Ele sabia disso. Sartre, pelo jeito, não.

Nos anos 1930, não exatamente o decênio mais ameno e sereno da História, Jean-Paul Sartre, segundo ele mesmo confessa, concebe – estranhamente – a isenção política como uma via de afirmação da liberdade individual. O professor de filosofia quer, acima de tudo, se tornar um grande escritor. As guinadas que verão Sartre passar do abstencionismo ao engajamento serão a guerra e a experiência do cativeiro. Quando ele volta para Paris, em 1941, Sartre quer resistir. A ambiguidade, acima documentada, do balanço de suas ações efetivas durante a Ocupação não deve ocultar o fato de que, a contar da Libertação da França e da viagem aos Estados Unidos, em janeiro de 1945, os termos da percepção que o público tem de Sartre (o pensador-combatente da liberdade, o intelectual engajado) vão ser assumidos pelo filósofo enquanto objetos de sua escolha existencial. Em suas ações dos 30 anos seguintes, Sartre permanecerá fiel a esse princípio e seguirá transformando em projeto pessoal tenaz o sentido que o olhar alheio acreditou encontrar nele em 1944-1945. Outro fato digno de destaque é a proximidade ideológica de Céline e Sartre nos anos 1930: individualistas, anarquistas, niilistas, pacifistas. Desengajados assumidos, em suma. Caso se opte (a meu ver, legitimamente) por ignorar o sentido abjeto de que a epígrafe de *A náusea* pode se revestir para nossa imagem das convicções reais de Sartre, em 1938, então o único (porém crucial) ponto de divergência entre ele e Céline remete à questão judaica. Aliás, na lógica reacionária de Céline, não corresponderia seu antissemitismo dos panfletos de 1937-1938 a uma forma de engajamento contra a iminência de mais um massacre anunciado e programado de zés-ninguéns, representando assim uma ruptura com a linha estritamente individualista da *Viagem* e de *Morte a crédito*, que também é a linha adotada pelo Sartre dos anos 1930?[52] Em todo caso, cabe observar que a intensidade dessa convergência dos Céline e Sartre pré-panfletos só se equipara à de sua divergência no pós-guerra. Decerto, à primeira vista, pode parecer que tal divergência não seja tão nítida, mesmo após a condenação de Céline pelo *Manifesto* de 1944: assim, caso elenquem-se as temáticas afins ou comuns aos dois autores, a listagem permanece longa e substancial. Finitude radical inerente à existência, contingência e absurdidade da realidade humana, horizonte ontológico do ser-para-a-morte (ou da vida humana como morte a crédito), crítica da ordem social e de suas (im) posturas, desmascaramento de suas autoridades, ética da lucidez, exibição das vísceras da sociedade (de seus *bas-fonds*) e dos homens (de seus baixos instintos) sem medo de escandalizar. Porém, quem cede a essa tentação e rotula esses dois autores como representantes distintos de um mesmo questionamento radicalmente existencial omite o fato crucial de que, no caso de Céline, a própria noção de pensamento é suspeita, e o conceito simplesmente não representa um horizonte plausível nem sério. O próprio veículo material e orgânico da linguagem ridiculariza *a priori* toda e qualquer pretensão da ideia à subsistência transcendente, extrafísica. Quanto a reconhecer um valor prescritivo e normativo à ideia, e fazer dela um ideal, nem se fala:

> Quando nos detemos na maneira, por exemplo, como são formadas e ditas as palavras, elas, nossas frases, não resistem mais ao desastre de seu cenário baboso. É mais complicado e mais difícil do que a defecação nosso esforço mecânico de conversação. Essa corola de carne intumescida, a boca, que se convulsiona ao assobiar, aspira e se agita, solta todo tipo de som gosmento pela barragem fedorenta da cárie dentária, que castigo! É isso porém o que nos instam a transformar em ideal. É difícil (Céline, 2009: 576-577/867).

Como poderia uma simples excrescência sibilante da penosa carne humana merecer um papel de crivo sobranceiro e soberano da realidade em sua totalidade? Vale frisar, portanto, que, se a obra de Sartre nos coloca em presença de um mestre pensamento que adota múltiplas formas (ensaio, romance, teatro, artigos e editoriais) para exercer seu poderio racional sobre a realidade, a obra de Céline, por sua vez, antes manifesta um estilo que invade múltiplos discursos (romance, narrativa, monólogo, relato, panfleto etc.) para expressar o efeito da realidade sobre um de seus cantos quase que insignificantes: o próprio Ferdinand, o próprio Bardamu, Céline mesmo. Do lado de Sartre, vigora a tensão entre explicação e ilustração; do lado de Céline, prevalece a tensão entre impressão e expressão. A busca da universalidade em Sartre pode passar pela transposição fenomenológica numa história individual, e é a tarefa do escritor saber destacar a dimensão universal desta história, porém tal dimensão é assumida, para além das individualidades envolvidas, pelo conceito: a história individual ilustra fenomenologicamente o que a análise explica ontológica e/ou eticamente. Sartre, Beauvoir e Camus abraçam a estética do romance filosófico: "Um romance nunca é senão uma filosofia posta em imagens. E, num romance bom, toda a filosofia é passada em imagens" (Camus, 1938; 2006: 794-796, tradução minha). Daí o aspecto e o tom não raro didáticos das obras de ficção ou da dramaturgia existencialistas: o que são os personagens de *Sursis*, o segundo livro da trilogia *Os caminhos da liberdade*, senão demonstrações de que a liberdade, não podendo ser meramente individual, é sempre situada e há de se realizar no engajamento de projetos voltados para interesses coletivos? O que são os personagens da peça *As mãos sujas* senão os meros veículos de uma brilhante dissertação sobre os embates filosóficos entre o idealismo dos fins morais e o realismo dos meios políticos, e sobre os desafios existenciais impostos pela responsabilidade em alcançar imperativamente aqueles sem que nestes se dissolvam ou se corrompam? De fato, Beauvoir confessava com frequência que, na composição de um romance, a maior dificuldade para ela consistia em resgatar a espessura dos personagens, sempre ameaçada pela tendência à simplificação inerente às ideias que tais personagens servem. De acordo com os critérios da estética de Céline, tal dificuldade é o sintoma inequívoco da exterioridade culposa do escritor em relação à sua criação: sinal de distanciamento, de falsidade, de gratuidade típica da isenção artificiosa e inata dos burgueses. A espessura biográfica dos personagens deixa de se ver ameaçada assim que se exige da biografia deles que ela provenha da do próprio autor: caso este já tenha sido exposto ao cheiro da gangrena – inesquecível e, portanto, irredutível à higienização conceitual –, seu dever é, segundo Céline, fazer de tudo, estilisticamente, para que seus leitores se sintam sitiados por esse cheiro. No fundo, não se devem inventar circunstâncias nem personagens; as dores do parto criativo não lhes dizem respeito – pois, em relação a eles, vigora um imperativo artístico (que atrever-me-ei a chamar de ético em Céline), o da transposição da realidade biográfica do autor, nem que esta transposição seja alucinada. Quanto à criação literária, ela remete exclusivamente aos recursos estilísticos. Sobre tais bases, há dois impasses literários típicos. Primeiro impasse: o do autor que, embora tenha uma vida suscetível de fornecer a carne de uma obra vivente, aceita coar o sangue desta carne (o seu próprio) por meio do dispositivo da retórica plutocrática, isto é, da língua administrada dos colegiais dedicados; ao proceder assim, de sua vida de homem feito, ele faz um relato desnaturado, pasteurizado, cujo autor verdadeiro é a criancinha obediente que ele volta a ser sempre que tenta escrever. Segundo impasse: o do autor que não tendo vivido o que pretende relatar só consegue estabelecer entre sua criação e a vida, entre ele e seus personagens, ou entre ele e as circunstâncias narradas, uma relação que duplica a que já existe entre a burguesia e as vidas que a burguesia domina, explora, instrumentaliza, maneja, engaiola e sacrifica, ou seja, a relação de objetivação, sintomática da vida daqueles que Céline chama de "passageiros". Que esses dois impasses caracterizem os defeitos típicos de quase toda a produção editorial indica somente quão raro é o gênio literário. Quanto ao segundo desses impasses, pode-se resumi-lo da maneira seguinte: burgueses objetivam, mesmo quando criam, porquanto (quase)[53] nunca vivem o que contam. Estranhamente, aqui, Céline não está tão longe dos argumentos críticos que Sartre desenvolve contra a sua própria classe social:

> Sendo eu próprio um burguês, vivenciei a angústia burguesa, tive essa alma dilacerada; porém, já que é próprio da consciência infeliz querer arrancar-se do estado de infelicidade,

> não consigo permanecer tranquilamente no seio de minha classe, e, já que não é possível que eu saia, como que voando ao adotar a aparência de um aristocrata parasitário, é preciso que eu seja seu coveiro, embora eu corra o risco de me enterrar junto com ela (Sartre, 1948b: 250).

Porém, abrir mão do conceito (isto é, da objetivação, herança teórica do ponto de vista socialmente sobranceiro, típico do burguês) para soar "popular" e fingir se reconciliar (ou se reconciliar de modo meramente verbal) com o proletariado seria o cúmulo da demagogia populista e da má-fé segundo Sartre. Pois seria velar o lugar *de onde* Sartre está escrevendo. O que ele preconiza é, pelo contrário, subverter a objetivação conceitual burguesa, desviá-la de sua tarefa usual no âmbito da exploração social, isto é, da legitimação teórica da instrumentalização da vida dos proletários; para dirigi-la contra a própria burguesia, solapando a boa consciência dos exploradores e fortalecendo a consciência de classe dos explorados, indispensável à emancipação destes. Claro, tal fortalecimento não existe sem certo didatismo: trata-se de esclarecer objetivamente o proletariado para agilizar a sua emancipação. Avaliado através do prisma desses argumentos de Sartre, o solapamento da própria objetivação conceitual proposta pelo absolutismo estilístico de Céline não passa de uma estratégia retórica de pequeno-burguês destinada a fugir às obrigações da emancipação sociopolítica. Em decorrência do didatismo conceitual que há de vigorar no romance filosófico, para Sartre, o estilo nunca passa de mero adjetivo do pensamento. Ora, para Céline, o estilo é a distorção própria, local, sutil que a vida produz no escritor talentoso.

> Volto agora a meu grande ataque contra o Verbo. Sabem que nas Escrituras diz-se que 'No começo era o Verbo.' Não! No

começo era a emoção. O Verbo veio em seguida para substituir a emoção, como o trote substitui o galope, enquanto a lei natural do cavalo é o galope; ele é submetido ao trote. Tirou-se o homem da poesia emotiva para fazê-lo adentrar a dialética, isto é, as baboseiras, né? Ou as ideias. Nada mais vulgar do que as ideias. As enciclopédias são repletas de ideias. Há quarenta volumes, enormes, entupidos de ideias. Muito boas, aliás. Excelentes. Que já fizeram suas provas. Mas essa não é a questão. As ideias, as mensagens, essa não é a minha área. Não sou homem de recado. Não sou homem de ideias. Sou homem de estilo (Céline, 1987, tradução minha).

Para além da desqualificação imediata e definitiva da razão em prol do estilo em Céline, outra divergência cabal consiste no fato de que, segundo este, a existência não é uma tarefa e sim um constante fardo, um malogro. Ela não tem nem faz sentido algum. Quanto à ausência de sentido da existência, entender: com a ausência de um sentido em si, já pronto, predeterminado, Sartre, pensador da contingência e do absurdo do ser-jogado-no-mundo, concorda, contanto que se conceda que tal absurdez existencial é a matriz ontológica da liberdade de fazer sentido que caracteriza a realidade humana. O que Céline, por sua vez, jamais lhe concederia. Nada mais longínquo das obsessões do autor da *Viagem ao fim da noite* do que o prometeísmo ontológico do *para-si* sartriano: Bardamu está entregue ao absurdo de um fluxo mudo de situações que o levam ele sabe lá aonde...[54] Inexiste qualquer margem para uma decisão na vida descrita pelo verbo celiniano: primeiramente, porque as escolhas a serem feitas sempre se resumem a alternativas de mazelas igualmente detestáveis e que fogem igualmente ao controle da razão;[55] ademais, porque o pouco que se decide respeita justamente ao insignificante, ao passo que aquilo que valeria, sim, a pena sermos capazes de decidir fica muito além de nosso alcance. Daí que, longe de condenados a serem livres, a maioria dos homens, para Céline, seja tão só e exclusivamente livre o suficiente para ser sempre, afinal, condenada. Condenada a ser explorada, coisificada, a sofrer e a morrer. Sentenciar que "os" homens são jogados-no-mundo ainda é pecar por excesso (tipicamente burguês) de generalidade e otimismo. Antes, vale dizer que muitos deles, os zés-ninguéns, são desde sempre e para sempre cagados-no-mundo. Não há espaço para uma tarefa, uma missão que Bardamu pudesse cumprir a fim de enobrecer, elevar ou dar algum sentido extracanibal a sua vida de bucha de canhão nas trincheiras; à rotina de sua jornada de trabalho nas linhas de produção da Ford em Detroit; à inutilidade massacrante de seu expediente de médico num dispensário da periferia miserável de Paris; ou a sua peregrinação consternada de ajudante dos algozes em meio à exploração colonial da África. Não haverá como fugir: por mais que ele tente escapar, sua vida será sempre uma coisa supérflua e aviltada pelo simples fato de respirar. E se a escritura existe, é para dar voz ao *laos* (como diziam os gregos), à populaça, aos incompetentes políticos e econômicos: não que eles sejam dignos de tal justiça, de tal direito de cidade inabitual; nem que eles sejam melhores, no fundo, do que seus exploradores e torturadores impiedosos. O fito próprio da língua que ainda não foi totalmente edulcorada nem diluída no blá-blá-blá[56] poético-idealista dos administradores do matadouro plutocrático, consiste em tentar escrever feito falante vivente e em descrever como Hieronymus Bosch ou José de Ribera pintavam (isto é, faltando para com o decoro) a subvida aviltada que apodrece aquém da cara de paisagem retórica da autoproclamada civilização. Esse chorume é o próprio sangue da sociedade dos homens e a tinta dos livros que narram a grande história. Prostituir tal chorume transformando-o em ideias altivas ou em princípios gerais, adornando-o com nobres maiúsculas ou com outras engenhocas enfeita-minhocas, amputando-o de suas emoções, de seus ódios, vísceras e sobressaltos, eis a prática constante de quase toda a literatura, prática com a qual Céline rompe de vez logo nas primeiras linhas de seu primeiro romance, a *Viagem*:

> ... pensando bem estamos todos sentados numa imensa galera, remando sem parar, não é você que vai me dizer o contrário!... Sentados direto em cima dos pregos, e puxando tudo, nós aqui! E o que é que se tem em troca? Nada! Só porradas, desgraças, mentiras e tudo que é safadeza. Estamos trabalhando!, dizem eles. É isso que é ainda mais nojento do que qualquer outra coisa, o trabalho deles. A gente fica lá embaixo, nos porões, botando os bofes pela boca, fedendo, os colhões pingando, e azar o nosso! Lá em cima, no tombadilho, no fresco, estão os mestres, pouco se lixando, com lindas mulheres cor-de-rosa e inundadas de perfumes, nos joelhos. Mandam a gente subir até o tombadilho. E aí, põem suas cartolas e depois nos metem pelo meio da cara um esporro daqueles: "Cambada de escrotos, estamos em guerra!", dizem. "Vamos atracar onde estão os filhos da puta da pátria número 2, vamos meter-lhes bala nos peitos! Andem! Andem! A bordo vocês têm tudo o que é preciso! Todos em coro! Comecem a se esgoelar, a plenos pulmões, vamos ver só, e que tudo estremeça: *Viva a Pátria número 1*! Que sejam ouvidos de longe! Quem berrar mais alto vai receber a medalha e uns santinhos do Menino Jesus! Santo Deus! E tem mais: quem não quiser morrer no mar pode ir morrer na terra onde a coisa ainda é mais rápida que aqui!" (Céline, 2009: 21-22/867)

Enquanto, a partir de 1945, Sartre, no fundo herdeiro do Iluminismo assim como da fé deste no progresso e na razão, se torna um profeta dos tempos novos, ou da era incipiente, Céline, por sua vez, nunca passou de um mago do fim dos tempos, para quem a ilusão do progresso só induz os homens a sorrirem cada vez mais anônima, maciça e sinceramente para Caronte. O existencialismo conquistador e exigente do Sartre do pós-guerra (deveras alheio, vale notar, ao pendor ainda profundamente desesperado de sua primeira versão dos anos 1930, em *A náusea*) se encontra aos antípodas do diagnóstico niilista de veterinário dos mamíferos humanos que Céline articula paulatinamente da *Viagem*, em 1932, até *Rigodon* em 1961. O paradoxo é que o verbo de Sartre pleiteia tal liberdade absoluta preso à rigidez argumentativa da reflexão conceitual, mesmo quando tenta xingar, ao passo que o de Céline diagnostica a inocuidade de toda esperança e de todo ideal por meio de um estilo que conjumina ritmo, musicalidade, gíria, neologismos, xingamentos e pontos de reticência que garantem a primazia do estilo sobre o argumento, da voz do testemunho imerso na desgraça de viver sobre a mordaça escolar e semântica do bom-mocismo narrativo, capado e (em geral, mui modicamente) estipendiado. Sartre, embora voluntarista moral, até ser revolucionário, nunca deixa de se expressar didaticamente qual expoente friamente racional e analítico que está buscando articular e comunicar alguma verdade objetiva; enquanto Céline, embora niilista moral, até ser reacionário, nunca deixa de sê-lo em tom de vidente possuído por um "*Qualis artifex pereo!*"[57] permanente, ou seja, por um monólogo místico, desbravador de apocalipses sempre inéditos, de formas de falir e de morrer sempre surpreendentemente assoladoras. Este visa a impactar o leitor submetendo a leitura a uma oralidade, desconcertante pela sua sombria exuberância, que só logra impor sua batuta, emotiva até a barbárie, dinamitando os academismos da norma culta.[58] Aquele almeja impactar o leitor evidenciando a aplicabilidade direta e sincera, quiçá brutal, do conceito à existência e, simetricamente, a total transparência da existência para aquele conceito que logra ser intransigente com as autocomplacências, as ambiguidades, as estratégias de velamento. Céline tritura, desmonta, sucateia a língua, refaz dela um conjunto de dialetos, para que ela desequilibre o controle racional e fuja dele; Sartre também desmonta certos segmentos da língua, por exemplo, ao importar germanismos ou ao mesclar os registros formais e coloquiais, porém, afinal, seu intuito sempre permanece o de submeter totalmente a realidade, inclusive em certos de seus ângulos e cantos até então ocultos ou pretensamente inconscientes, à plena inteligibilidade da razão. Segundo os critérios impressionistas do "aprendiz"[59] Céline, Sartre não passa de um enésimo autor naturalista.[60] Segundo os critérios conceitualistas do "*normalien*"[61] Sartre, Céline é um grande romancista, mas não mais que um romancista, isto é, muito menos que um filósofo.

Mais contundentes do que essas oposições entre os estilos respectivos de Sartre e Céline, só as diferenças entre suas concepções concernentes ao grau de responsabilidade do escritor em relação às ideias expressas em sua obra. Enquanto Sartre pôde escrever em 1945: "Para nós, o escritor não é nem uma virgem vestal nem o arcanjo Ariel: ele está 'envolvido'; seja o que ele fizer, ele está marcado, comprometido, mesmo quando se refugia no mais longínquo dos aposentos" (Sartre, 1945; 1948c: 12), Céline sempre pleiteou a completa separação da arte literária e do mundo: segundo ele, um romance não é senão pura música, leve e irresponsável, alheia à gravidade pesada da vida social. Consequência: ele é totalmente desprovido de função didática ou moral. Herdeiro, nesse sentido, da "arte pela arte" do século XIX, e muito mais ainda dos pós-impressionistas das primeiras edições do Salão dos Independentes,[62] Céline ao mesmo tempo despreza abertamente a profissão/vocação de escritor[63] e reivindica um preciosismo, um estilo próprio, algo raríssimo, de que ele admite sentir muito orgulho.[64] Observemos entretanto que, estranhamente, na estética de Céline, a recusa de todo didatismo e a redução de toda literatura ao estilo não impediram a articulação evidente de críticas devastadoras da guerra, do colonialismo, do fordismo, da exploração capitalista, entre outros alvos. Porém, é mister enfatizar a natureza peculiar das críticas em Céline: não se trata de demonstrações didáticas, ordenadas de maneira argumentativa e destinadas a suscitar a adesão racional do leitor, a persuadi-lo, e sim de autorretratos epilépticos do autor como joguete das circunstâncias.[65] Pois, quem apenas narra a guerra na terceira pessoa (ou na primeira "persona", o que dá no mesmo...) já descreve a guerra a partir da paz, a partir do conforto material de quem aposta as vidas alheias na roleta das trincheiras. Quem simplesmente narra as colônias na terceira pessoa, objetivando-as, desde sempre há de descrevê-las com o bom natural do tom metropolitano dos exploradores. Se a guerra for apenas um tema, a guerra em geral, em vez da cólica constante de Bardamu na linha de fogo; se a guerra não obrigar a narração a berrar, a abrir mão da descrição externa e panorâmica, a naufragar junto com sua sintaxe, então a criação fracassa e a crítica volta a ser edificante, a soar falsa, gratuita, externa, sobranceira, burguesa, em vez de dar ao leitor o que sentir. Portanto, se a literatura de Céline não é engajada (por não ser didática nem moral), ela é sim imersa (por ser emotiva e bárbara). Bardamu, espécime do *laos*, da populaça das vidas levadas à revelia, cuja própria sobrevivência não passa de variável de ajuste das ideias burguesas, não é capaz de grandes sínteses objetivas: quando porventura descreve botões de flores, está – qual um Van Gogh das trincheiras – transfigurando um punhado de vilarejos que logram ser vislumbrados de longe na calada da noite, por estarem em chamas. O escritor tem deveres sim em Céline: o dever de sentir e o de fazer sentir; o dever de viver primeiro e pessoalmente o que for exprimir na página; e o de fazer dessa expressão um sítio das emoções do leitor. Outrossim, ainda que tenha se tornado um lugar-comum enfatizar a irresponsabilidade etérea e transcendental do escritor para Céline, em geral esquece-se de enfatizar a contrapartida dessa concepção: de acordo com o autor da *Viagem*, o homem que escreve livros é apenas responsável pela sua vida extraliterária: o feroz panfletário antissemita de *Bagatelas para um massacre* sempre advogou num tom de evidência cabal que seus livros nunca haviam matado ninguém nem deportado nenhum judeu para os campos de concentração nazistas. O médico dos pobres que não conseguia cobrar pela consulta, o mutilado de guerra condecorado por heroísmo no campo de batalha, o francês que não quis participar da vida literária da Ocupação julgava que esse seu "currículo" dispensava qualquer explanação complementar, sobretudo junto a pessoas que, segundo seus próprios critérios, não podiam se valer de uma lisura biográfica comparável.[66] Evidentemente, Sartre não podia compactuar em nada com essa metafísica da criação. Conforme escreve, já nas primeiras linhas da famosa "Apresentação" que introduz o primeiro número da revista *Les Temps Modernes*, em outubro de 1945:

> Todos os escritores de origem burguesa conheceram a tentação da irresponsabilidade: há um século ela virou tradição na carreira das letras. Raramente o autor estabelece um vínculo entre suas obras e a remuneração destas em numerário. De um lado, ele escreve, ele canta, ele suspira; de outro lado, dão-lhe dinheiro. Esses são dois fatos sem relação aparente; o melhor que ele pode fazer é se convencer de que está recebendo uma pensão para suspirar. Por isso, antes se considera um estudante que se beneficia de uma bolsa do que um trabalhador que recebe o preço de seus esforços. Os teóricos da arte pela arte e do Realismo reforçaram esta sua opinião (Sartre, 1945b, 1948c: 7-8, tradução minha).

Jogado no mundo, condenado a dar um sentido à sua existência, sem escapatória de nenhuma sorte que pudesse lhe oferecer alguma isenção moral, o homem – seja ele bombeiro hidráulico ou escritor – é sempre responsável por tudo aquilo que faz, justamente pelo fato contingente, absurdo e gratuito de ele *não* ser o que ele é. Ele é responsável por aquilo que escreve, não por ser escritor, mas, muitíssimo pelo contrário, por não sê-lo: quem queria se ver reduzido a seus livros para fugir de sua responsabilidade de homem apenas estaria, ao proceder desta maneira, manifestando sua má-fé e sua safadeza.

Aliás, no mesmo mês em que Céline esteve preso na Dinamarca, em dezembro de 1945, no número 3 de *Les Temps Modernes*, Sartre publicou um artigo que delineava o quadro moral e existencial do tipo antissemita. Nesta ocasião, e à guisa de exemplo, o filósofo perscrutou meticulosamente aquilo que, segundo ele, seria o eixo central da má-fé do homem Céline, eixo que seria a verdade explicativa da errância do escritor do mesmo nome: seu antissemitismo como postura/impostura.[67] A má-fé do homem que nem acredita, no fundo, nas divagações que o escritor que ele resolve ser escreve precisa de algo mais para manter essa fachada e seguir firme na insinceridade. Por isso, "O retrato de um antissemita" explicitou, a respeito de Céline, o vínculo que os escritores que afirmam ser irresponsáveis costumam ignorar ou ocultar, a saber, o vínculo entre sua obra e a remuneração desta:

> Assim, o antissemitismo é originalmente um maniqueísmo; ele explica o funcionamento do mundo pela luta do princípio do Bem contra o princípio do Mal. Entre esses dois princípios nenhum compromisso é concebível: é preciso que um deles triunfe e que o outro seja aniquilado. Vide Céline: sua visão do universo é catastrófica, o judeu está em todo lugar, a terra está perdida, para o ariano, trata-se de não se comprometer, de nunca compactuar. Mas cuidado: se ele respira, ele já perdeu sua pureza, pois até o ar que penetra em seus brônquios está contaminado. (...) Se Céline pôde apoiar as teses socialistas dos nazistas, é que ele era pago. No fundo de seu coração, ele não acreditava nisso; para ele, não há solução senão no suicídio coletivo, na não procriação, na morte (Sartre, 1946, tradução minha).

Na precisa hora em que ele passava a assumir a posição de referência incontornável da vida intelectual francesa, Sartre enfiava, por assim dizer, mais um prego no caixão de Céline. Naqueles dias em que o filósofo instalava, enfim, seu busto sobre o tão sonhado pedestal,[68] dois meses depois de ele proferir a palestra "O existencialismo é um humanismo",[69] que sacramentara a dimensão de fenômeno cultural que a teoria assumiria doravante naquela França dos primórdios da reconstrução, ele acusava abertamente de traição estipendiada um Céline que, sendo condenado à morte pela Resistência, foragido e procurado, já estava então com a cabeça no cepo. Na França, o contexto do último trimestre de 1945 era, de fato, de grandes processos expeditivos diários contra os apóstolos oficiais da Colaboração política: assim, Laval[70] e Darnand[71] haviam sido sentenciados à morte e prontamente executados no início de outubro. Ademais, naqueles mesmos dias, quem atuara mais discretamente na Colaboração cultural durante as "horas sombrias" era passível de esbarrar com uma justiça ainda muito mais direta: destarte, o editor Denoël seria assassinado em 2 de dezembro, 24 horas depois da publicação do artigo de Sartre. O clima era, portanto, de caça aberta aos traidores da pátria. Quanto a Céline, ele havia sumido meses antes em meio ao colapso apocalíptico da Alemanha hitleriana. Entretanto, desde meados de novembro, já se cochichava cá e acolá, em Paris, que sua presença fora localizada na capital dinamarquesa. Duas semanas depois da publicação do "Retrato de um antissemita", o semanário parisiense *Samedi-Soir* desvendaria o seu paradeiro escandinavo. O resultado seria imediato: em 18 de dezembro, o escritor, sua esposa Lucette Almanzor e o seu famoso gato Bébert ficariam presos. Até o final do mesmo mês, enquanto estes ficariam logo soltos, Céline iniciaria seu período de detenção no Pavilhão K dos condenados à morte na cadeia Vestre Faengsel, em Copenhague, onde passaria 18 meses esperando respostas a certas questões bem concretas e deveras cruciais, a saber: qual seria o veredito dos tribunais franceses quanto ao crime de traição de que fora acusado? A Dinamarca aceitaria sim ou não extraditá-lo para a França, país onde, no papel, ele ainda arriscava sua cabeça? A acusação levantada pelo artigo publicado em *Les Temps Modernes* à véspera da prisão de Céline era duplamente ligeira, pois não somente ninguém a formulara antes a respeito do autor da *Viagem*, cuja incorruptibilidade melindrosa era quase proverbial; mas, além disso, Sartre a proferia justamente no momento em que ela só era capaz de influir negativamente no inquérito e no veredito de uma justiça francesa então pouquíssimo propensa à análise objetiva dos fatos, e ainda menos à moderação. Hoje em dia, é comprovada a falsidade da acusação de remuneração, direta ou indireta, de Céline pelos nazistas. Resta saber para que servia essa acusação. Sem sombra de dúvida, naquela precisa situação, a da crista do expurgo do pós-libertação, o fato de que, respaldado pelo seu imenso prestígio intelectual e moral recém-conquistado, Sartre se prontificou a enfatizar que Céline fora pago para levar a sério o socialismo hitleriano[72] só podia – já que as palavras são ações – alimentar o requisitório oficial da promotoria francesa e, portanto, motivar a condenação de Céline ao "justo castigo dos traidores", isto é, na maioria das vezes, à morte. Com que intuito? Não pretendo possuir a resposta, evidentemente. Posto isso, à escala do Sartre de 1945, matar Céline, se não era, talvez, matar o pai,[73] era com toda certeza matar o jovem individualista, anarquista e apolítico, que ele próprio fora no mínimo até meados da Segunda Guerra Mundial, isto é, aos quase 40 anos de idade. É preciso admitir que, em termos de sintonia com o sentido da história, a tardia crisálide sartriana dos anos 1942-1945 beirou a perfeição.

A resposta de Céline iria demorar anos, porquanto não soubera da publicação do texto de Sartre que o alvejara nominalmente. Mal tinha ele acesso à imprensa francesa na sua cela dinamarquesa. Depois de sua soltura, em 24 de junho de 1947, Céline, agora residente sob custódia na Dinamarca,[74] foi finalmente informado dos termos exatos do ataque sartriano. Sua reação seria cataclísmica do ponto de vista estilístico, porém inexpressiva do ponto de vista editorial: endereçou sua réplica a Jean Paulhan, para fins de publicação nos *Cahiers de la Pléidade*, porém este a recusou, devido à violência do tom e do vocabulário utilizados. Céline teve que se resignar a deixar seu amigo Albert Paraz reproduzir esse texto curto nas páginas de seu diário íntimo, *Le Gala des vaches*, publicado no final de 1948 e cuja difusão foi confidencial. Eis a resposta de Céline a Sartre:

> Ao agitado da cachola
>
> Não leio muita coisa, não tenho tempo para isso. Já são demasiados anos perdidos com tantas besteiras, e em tantas celas! Mas eis que me apressam, adjuram, apoquentam. Parece que é preciso, absolutamente preciso que eu leia uma sorte de artigo, o *Retrato de um antissemita*, por Jean-Baptiste[75] Sartre (*Temps Modernes*, dezembro de 1945). Percorro este longo dever de casa, dou uma olhada, não é nem bom nem ruim, não é nada, pastiche... um jaez de "Mama-maneira"... Esse pequeno J.-B. S. leu *O distraído*,[76] *O amador de tulipas*[77] etc. Ele acabou tomando gosto... Ainda um colegial, esse J.-B. S!... Ainda aos pastiches, às "Maneiras-de"...! À maneira de Céline também... e de muitos outros... "Putas" etc. "Cabeças de reposição"[78]... "Maïa"[79]... Nada de grave, é claro. Arrasto certa quantia daqueles pequenos "Mama-maneiras", grudados ao meu cu... O que posso fazer? Sufocantes, odiosos, falhados, bem traiçoeiros, semissanguessugas, semitênias, não realçam meu nome, então nunca falo neles, fim de papo. São minha prole das sombras. Boto um bafo! Ora bem, não quero mal algum ao menino J.-B. S! Seu destino ali onde está lotado é cruel o bastante! Por mim, em se tratando de um mero dever de casa, sem resmungar lhe dava uma nota 7/20 e o assunto estava encerrado[80]... Mas calha que, na página 462, o esterquinho me interpela! Ai, que maldito

traseiro podre! O que ousa escrever? "Se Céline pôde apoiar as teses socialistas dos nazistas, é que ele era pago." Fechem as aspas. Chega! É isto, pois, que o pequeno besouro escrevia enquanto eu estava em pleno perigo de ser enforcado. Seu trocinho entupido de merda, tu sais dentre minhas nádegas para me sujar aqui fora! Anus Caim Pum. O que procuras? Que me assassinem? É evidente! Vem cá que eu te esmigalhe! Vem!... Esbarro numa foto do sujeito, aqueles olhos enormes... Aquele gancho... Aquela ventosa viscosa... É um cestódeo! O que tal monstro não forjará para que me assassinem! Mal saiu de meu cacau, já me dedura! O cúmulo é que, na página 451, ainda tem o fel de nos avisar: "Um homem que acha natural denunciar homens não pode ter nossa concepção da honra. Até aqueles de quem ele se faz o benfeitor, ele não os vê com nossos olhos. Sua generosidade, sua ternura não são semelhantes à nossa ternura, à nossa generosidade. Nele, não se consegue localizar a paixão."

No meu cu onde ele se encontra, não se pode pedir ao J.-B. S. que enxergue claramente alguma coisa, nem que logre se expressar com nitidez. Entretanto, parece que J.-B. S. previu a eventualidade da solidão e da escuridão no meu ânus... Pois J.-B. S. fala evidentemente de si mesmo quando escreve, na página 451: "Este homem teme toda espécie de solidão, a do gênio como também a do assassino." Entendamos o que falar quer dizer... De tanto confiar nos semanários, J.-B. S. não se enxerga mais senão na pele do gênio. Por mim, e a julgar pelos seus próprios textos, me vejo forçado a não enxergar J.-B. S senão na pele do assassino, e melhor ainda, na da porra de um maldito dedo-duro, hediondo, mija-tinta pentelhante, jumento de óculos! Mas estou me precipitando e isto não convém mais à minha idade nem é prudente, no meu estado...[81] Eu ia encerrar por aqui... Enojado, e pronto... Mesmo assim, reflito... Assassino e genial? Já se viu... Apesar de tudo... Talvez seja o caso de Sartre?... Que ele seja um assassino, é evidente, ele queria sê-lo, porém... genial? Bostinha pendurada ao meu cu... genial? Oi?... Hei minhas dúvidas... Decerto, o gênio pode eclodir, se declarar... Mas J.-B. S.? Aqueles olhos de embrionário? Aqueles ombros mesquinhos?... Aquela pancinha gorducha? Uma tênia! Isso! Tênia de homem, "situada" sabem onde... e filósofa!... não é pouca coisa... Dizem por aí que libertou Paris sozinho, de bicicleta. Brincou... no Teatro, na Cidade, com os horrores da época, a guerra, os suplícios, os ferros, o fogo. Mas os tempos evoluem – eis que J.-B. S. cresce, infla enormemente! Não é mais dono de si... Não se enxerga mais... De embrião que é, aspira a virar criatura... Novo ciclo... Está farto de brincar, das falcatruas... Corre atrás das provações, das provações de verdade... A cadeia, a expiação, as pauladas, e a maior de todas as pauladas: o Poste do condenado... O Destino atormenta J.-B. S.... As fúrias!... Chega de bagatelas... Ele quer é se tornar monstro para valer! Daí que xingue De Gaulle!

Que meio é esse! Ele quer cometer o irreparável! Mesmo! As bruxas vão enlouquecê-lo, ele foi importuná-las, elas não vão mais deixá-lo em paz... Tênia das defecações, girino de mentira, vais é papar a Mandrágora! E virar súcubo! A doença de ser maldito evolui em Sartre... Doença antiga, velha como o mundo, que infesta toda a literatura... Esperai, J.-B. S., antes de cometer as gafes supremas!... Pejai vós! Refleti vós! Pois o horror não é nada sem o Sonho e sem a Música... Olha que, como tênia, cê serve bastante, decerto, porém como cobra, que nada, nem um pouco... Ruim de flauta! Ora, sem música, sem sonho, *Macbeth* vira Grand-Guignol,[82] e dos péssimos... Cê é mau, sujo, ingrato, odioso, burro, mas não é tudo, J.-B. S.! Não basta... Ainda é preciso dançar!... Pode ser que eu esteja errado, é claro, aceito isso... Não peço mais do que isso... Irei aplaudi-lo quando você tiver, até que enfim, virado monstro para valer, quando tiver pago às bruxas o necessário, o preço delas, para que elas o transmutem, o façam eclodir, feito fenômeno. Feito tênia tocadora de flauta.

Quantas vezes você me solicitou e me fez rogar por meio de Dullin,[83] ou Denoël, quantas vezes suplicou, sob a Bota alemã, para que eu consentisse a aplaudi-lo! Eu não o achava dançante nem flautante, vício terrível a meu ver, confesso... Mas esqueçamos todo aquilo! Pensemos apenas no futuro! Tratai que vossos demônios vos inculquem a flauta! Primeiro, a flauta! Vide Shakespeare, colegial! Três quartos de flauta, um quarto de sangue... Um quarto basta, prometo... mas de vosso sangue, primeiro! Antes de todos os demais sangues. A alquimia tem suas leis...[84] O "sangue dos outros"[85] não agrada as Musas... Reflitamos... Você obteve, é verdade, seu sucessinho no "Sarah",[86] sob a Bota, com suas *Moscas*... Porque não despacha logo com três pequenos atos de circunstância, depressa, rapidinho, *Os caguetes*? Pequena encenação retrospectiva... Nela, veríamos você, em pessoa, junto com seus coleguinhas, a mandar seus pares detestados, ditos "Colaboracionistas" para os trabalhos forçados, para o poste de fuzilamento, para o exílio... Seria para lá de engraçado, né? E você, o próprio, com toda a força de seu próprio texto, no papel principal... papel de tênia sibilante e filosofante... Não é difícil imaginar cem reviravoltas, peripécias e volta-faces das mais cômicas no decurso de um devaneio desse gênero... e, enfim, na cena final: um "Massacre Geral" daqueles, que irá sacudir a Europa toda numa louca gargalhada! (Está mais do que na hora!) O mais alegre dos Massacres da década! Ao ponto de deixar todos mijados e cagados de tanto rirem, ainda na 500ª apresentação!... e muito além!... (O Além! Quá quá quá!) O assassinato dos "Signatários",[87] uns pelos outros... Você mesmo por Cassou[88]... O dito-cujo por Eluard[89] e por Aragon![90] Este pela sua mulher[91] e por Mauriac![92] E assim por diante, até o último!... Visualize só isso! Hecatombe da Apoteose! Não esquecer da carne, é claro!...

Grande desfile de garotas lindas, nuas, absolutamente rebolativas... orquestra do Grande Tabarin[93]... Jazz dos "Construtores do Muro"[94]... "Atlantist Boys"[95]... Patrocínio garantido... e, em sobreposição luminosa: a grande suruba dos fantasmas... 200.000 assassinados, forçados,[96] cóleras,[97] indignos[98]... e mulheres tosquiadas![99] Numa farândola só! Da plateia do Céu, o Coro dos "Enforcadores de Nuremberg"... E num tom bem seu, mais-que-existência, instantanista, massacrista... Ambiente propício aos soluços de agonia, ruídos de cólica, prantos, sucatas... "Socorro!"... Fundo sonoro: máquinas de "Salve!"... Você imagina a coisa? Cereja no bolo, durante o intervalo: leilões de algemas! e barracas vendendo sangue. O bar futurista definitivo. Só sangue de verdade! Na pressão, fresquinho, certificado pelos hospitais... do dia! Sangue de aorta, sangue de hímen, sangue de fuzilados!... para todos os gostos! Ai que futuro, J.-B. S.! Quantas maravilhas não fará quando nascer Monstro de Verdade! Já o vejo, fora de excrementos, quase a tocar flauta, flautinha de verdade! Deslumbrante!... Já em via de se tornar um artistinha de verdade! J.-B. S., o cara!

Para além do tom excessivo, escatológico, desta missiva, o que impressiona, à sua leitura, é o teor tenazmente estético-moral das reclamações de Céline contra Sartre: o autor de *As moscas* é visto por Céline como um herdeiro desnaturado, inapto à dança, à leveza e, portanto, à criação literária. Sobre tais bases, a baixeza e a abjeção morais do dedo-duro não devem surpreender, segundo Céline: quem cria sem graça nem flauta, longe da inspiração pessoal da morte, é capaz de tudo, sobretudo do pior, na sua vida de homem, inclusive de tramar, na Libertação, o assassinato a distância de quem bajulava em vão durante a Ocupação. Definitivamente, o romancista do estilo-acima-de-tudo e o expoente do romance filosófico existencialista não tinham mais nada a dizer um ao outro. Em 21 de fevereiro de 1950, ainda na Dinamarca, Céline foi condenado à revelia por um tribunal francês a um ano de prisão com pena suspensa: Pierre Monnier resumiu perfeitamente o sentido do veredito: "Quem se lembra da época... sabe que uma condenação de um ano de prisão à revelia só podia concernir a um inocente" (Monnier, 1994: 370, tradução minha). Três semanas antes do processo, ao ser indagado pelo jornal *Le Libertaire* sobre o "caso Céline", Albert Camus escrevera:

> Acho a justiça política uma coisa repugnante. Por isso, a meu ver, é preciso parar esse processo e deixar Céline em paz. Espero, porém, que não me levem a mal se eu acrescentar que acho tão repugnante, senão mais, o antissemitismo, e particularmente o antissemitismo dos anos 40. Por essa razão, quando Céline tiver obtido o que ele quer, rogo que se pare de nos incomodar com o caso dele (*Le Libertaire*, 27 de janeiro de 1950).

Mais um ano, e Céline poderia voltar para a França, em Meudon. Ele passaria os últimos anos de vida qual pestiferado em seu próprio país, cercado de cachorros e pássaros, praticando a medicina junto a uma clientela pobre, recebendo raros amigos, concedendo entrevistas mais raras ainda e vaticinando a futura invasão chinesa do Ocidente. Em 1961, vinte e poucas pessoas acompanharam seu caixão, cuja unção foi negada pelo padre de Meudon.[100] Em 1980, 50 mil pessoas prestigiaram o enterro de Jean-Paul Sartre, em Paris. O evento foi apelidado de "última grande passeata dos anos 70" (sic). Se a estrela do romancista e dramaturgo empalideceu um pouco, algo de sua filosofia da liberdade, tão criticada pelos estruturalistas, resiste à passagem das modas. Para além destas, de qualquer modo, Sartre encarna a figura do intelectual engajado do século XX, que colocou o conceito a serviço da emancipação dos homens, em qualquer lugar que se encontrassem oprimidos. Deste pedestal, ninguém o fará cair. Quanto a Céline, seu destino póstumo constitui uma espetacular reviravolta destinal: não que, afastando sua cabeça do cepo, ele tenha reinstalado seu busto "pré-panfletos" sobre o pedestal. Antes parece que, cada vez mais, seu cepo *é* um dos dois pedestais mais venerados da literatura francesa do século XX (junto com o de Proust). Encarnação da figura do escritor maldito, Céline permanece até hoje o maior totem tácito e o supremo tabu oficial das letras francesas. Bardamu trona em meio à fogueira e reina, em segredo.

Notas

1 Cf. Georges Brassens, *Les Deux Oncles*.

2 Tradução: Entraremos na carreira / Quando nossos anciões não mais lá estiverem / Lá encontraremos suas cinzas / E os vestígios de suas virtudes. É claro, no contexto de 1792, isto é, da conscrição geral dos cidadãos franceses para fins de defesa patriótica contra o perigo encarnado pelos exércitos coalizados das principais monarquias europeias, a "carreira" mencionada é a carreira militar como meio da defesa da liberdade.

3 Citação completa: "O Homem é quase tão humano quanto a galinha é voadora. Quando ela leva aquele pontapé brabo na bunda ou quando um carro a taca pelos ares, bem que ela alcança o telhado, mas logo recai a pique, de volta à lama, para enfiar seu bico faminto nos excrementos. Essa é a sua natureza, a sua ambição. Para nós, na sociedade, o mesmo acontece, exatamente. Só cessamos de ser completamente escrotos se pinta uma catástrofe. Mas, assim que tudo se acalma, nossa natureza volta galopando. Por isso mesmo, uma Revolução só se julga depois de vinte anos" (Céline, 2011: 22-25).

4 Vale mencionar uma das mais densas e detalhadas, Vitoux, 2005: 580-585.

5 O leitor desejoso de maiores pormenorizações com relação a essa "segunda cena" poderá utilmente consultar, notadamente: Winock, 2005: 34-45 (para a versão em francês), em particular "*La Guerre*", 36-37.
6 "*La Drôle de Guerre*" em francês, "*The Phoney War*" em inglês, "*Der Sitzkrieg*" em alemão. Trata-se dos oito meses compreendidos entre a declaração de guerra à Alemanha por parte da França e do Reino Unido, em 3 de setembro de 1939, e a deflagração da *Blitzkrieg*, ou "guerra-relâmpago", pelo Estado-Maior alemão em 10 de maio do ano seguinte; período durante o qual ocorreram pouquíssimos combates armados significativos. Cabe lembrar que Sartre redigiu um diário hoje publicado no decurso daqueles meses (Sartre, 2005).
7 Movimento maciço, rápido, muito arriscado e, afinal, exitoso de várias divisões blindadas alemãs através da floresta franco-belga das Ardenas, então tida como uma linha de defesa natural e impenetrável pelo Estado-Maior francês. Esse movimento, planejado pelo general Von Manstein, e cuja execução foi liderada pelos generais Guderian e Rommel, correspondeu a uma revolução tática: a da prevalência dos tanques à infantaria para determinar o ritmo dos assaltos, a fim de desorganizar a logística e a coordenação entre as linhas inimigas.
8 Ele fizera de tudo para se alistar voluntariamente pela segunda vez em 1939; porém, sendo inválido, ele não obtivera o direito de servir "na ativa", e só pudera ser atribuído à supervisão da saúde da tripulação a bordo de um navio civil, o *Chella*, que acabara sendo torpedeado em janeiro de 1940 por um submarino ao largo de Gibraltar.
9 Estou me referindo, evidentemente, à Lucette Almanzor, recém-falecida (em 2019).
10 Outrora vencedor da carnificina de Verdun, durante "*La Grande Guerre*" ("A Grande Guerra", apelido da Primeira Guerra Mundial na França, também otimistamente alcunhada de "*der des ders*", ou seja, de "derradeira das derradeiras"). Tal feito lhe valera o bastão de marechal e uma popularidade ímpar. A partir de julho de 1940, Pétain, então com 84 anos de idade, tornar-se-ia chefe absoluto do governo colaboracionista radicado na cidade termal de Vichy.
11 Um dos apelidos nada carinhosos que designam os alemães desde o século XIX.
12 "Quanto a mim, como tantos outros participei da retirada, persegui as Forças Armadas Francesas de Bezons [Nota do Tradutor: nos arredores de Paris] até La Rochelle, mas nunca consegui alcançá-las. Foi um arregão daqueles, e uma cavalgada raramente vista antes. (...) Eu queria ver tudo! Vocês me entendem! Fiquei preso entre dois fogos! Ou entre os fogos inimigos e os traseiros da nossa soldadesca, para ser mais exato!

(...) Vixe! Vi como os PMs voltam a ser simples homens, depressa! Houve tanques que, de tanto correrem para bem longe de todo perigo, empurraram nossos órfãos para fora da estrada, obrigando-nos a deitar nos campos de colzas... A surra 71 [Nota do Tradutor: derrota militar do Segundo Império Francês para a Prússia em 1871] seguida de 40 anos de vergonha fora um feito militar munificente em comparação a esta última acrobacia. Tais coisas não são das que se forjam. Não estou sendo vil nem pérfido. Éramos quinze milhões a olhar" (Céline. 1941: 11-12, tradução minha).

13 Também se sabe hoje em dia, graças aos admiráveis estudos do pesquisador israelense Simon Epstein, que a imensa maioria desses primeiros Resistentes de junho de 1940 não provinha, surpreendentemente, das fileiras dos democratas e humanistas de centro-esquerda ou de centro-direita, e sim das da extrema-direita fascista, monarquista e antissemita francesa. Ler em particular a esse respeito: Epstein, 2008. O perfil de Céline em 1940 condizia perfeitamente com o desta maioria: entre os primeiros refugiados franceses radicados em Londres, o fato de ele já ter publicado dois panfletos ferozmente antissemitas (e pacifistas até a traição) não iria destoar tanto quanto ainda se supunha comumente algumas décadas atrás, quando a narrativa predominante sobre a Resistência francesa fazia questão de apagar tais contradições. Tudo isso não indica, é claro, qual teria sido a atitude de Céline uma vez na Inglaterra; mas, com toda certeza, deve nos incentivar a certa cautela: os destinos e as posteridades se reescreveram com velocidade estonteante naqueles dias de naufrágio generalizado. Quem sabe qual teria sido o caminho dele?

14 O "compadre" em questão era o amigo de Céline, Lucien Rebatet, escritor e editorialista fascista. Estas palavras foram proferidas em 1944, quando ambos estavam em Sigmaringa (Alemanha), fugindo das tropas aliadas e da Resistência francesa (Rebatet, 1994: 336, tradução minha).

15 Também conhecida como Operação Dragão.

16 Também conhecida como Operação Overlord.

17 Retomado em Sartre, *Situations III* (1976 [1949]).

18 Porquanto dele vieram os ancestrais da imensa maioria dos americanos contemporâneos.

19 Porquanto dele saíram os ancestrais da imensa maioria dos americanos contemporâneos, para fugir de perseguições, e/ou para buscar uma vida melhor.

20 Literalmente: o matagal. Apelido da Resistência francesa, referente à clandestinidade inerente a essa forma de luta armada. "*Prendre le maquis*", "ir pro matagal", significava "Entrar na clandestinidade da Resistência."

21 Forças Francesas do Interior. Nome formal da Resistência francesa no final da guerra.
22 Entender: "se afastando do solo francês" porque, em janeiro de 1945, o fogo do céu (ou, mais prosaicamente, dos lançadores de foguetes soviéticos Katyusha e dos bombardeiros B-52 estadunidenses) ainda estava caindo dia e noite sobre as cidades alemãs. Quanto ao fogo atômico, ele seria deflagrado em questão de sete meses contra o Japão.
23 Aliás, o interessado já se encarregou de compor a sua própria emenda, destinada a contrabalançar sua fama tenebrosa. Com efeito, ele costumava assinar algumas de suas cartas da maneira seguinte: "Louis-Ferdinand Destouches, *vulgo* Céline / militar condecorado (novembro de 1914) / alistado voluntário nas duas guerras mundiais, mutilado 75% / roubado, plagiado, vigarizado 100%".
24 Uma das expressões que designam as múltiplas redes e correntes ideológicas da Resistência, unificadas a partir de 1943 por Jean Moulin sob a autoridade do general De Gaulle.
25 Virou modismo fazer pouco caso da tentativa de constituir um grupo de Resistência Intelectual ao Regime de Vichy, *Socialismo e liberdade*, que Sartre e Beauvoir afirmaram ter promovido em vão durante a primavera e o verão de 1941. De fato, conforme ressalta Winock (2005: 36), "A Resistência de Sartre ainda é objeto de muitas interrogações". A esse respeito, ver: Galster, 2000: 18-19. Ora, quer esse grupo tenha existido um pouco ou nem sequer um pouco, vale notar, mesmo assim, que seu próprio nome propiciou uma linha programática que iria moldar todas as etapas ulteriores, bem reais, do engajamento político de Sartre durante o período de 1945 a 1975. Sobre esse tema, ver meu artigo: Grasset, 2019: 165-218; em particular "As três sínteses sucessivas do socialismo e da liberdade em Sartre" (p. 170-179).
26 *Organisation de l'Armée Secrète* (Organização do Exército Secreto): grupo paramilitar de conjurados franceses recrutados entre os mais radicais dos partidários da Argélia francesa. A OAS passou a cometer numerosos atentados terroristas tanto na Argélia quanto na França para punir o que considerava ser a traição do general De Gaulle, presidente da República desde 1958, que tomara posse para resolver o conflito argelino, mas, aos poucos, e malgrado a vitória militar total das Forças Armadas francesas sobre os independentistas (consumada em 1961), resolvera mesmo assim negociar os termos da independência da Argélia com a direção da FLN (Frente de Libertação Nacional).
27 A quem ainda se acharia, mesmo assim, o direito de haver picuinhas em relação à dimensão extraintelectual, isto é, física e pessoal, do engajamento sartriano, incumbe responder à pergunta seguinte: o que teria sido

do filósofo na época do "Manifesto dos 121", se De Gaulle, então chefe do Executivo, não tivesse proibido – em nome do respeito devido aos grandes escritores – a prisão de Sartre? Ou tal pergunta é absurda, posto serem notoriamente propensos a zelar pelo amor à cultura letrada os generais-presidentes que se veem a braços com uma guerra civil; ou então é preciso admitir que, não fosse tão somente e apenas pela boa vontade de quem, na época, encarnava a Razão de Estado, a prisão (quiçá a liquidação) de Voltaire logo ter-se-ia tornado uma opção evidentemente fácil de executar para o poder político francês. Aliás, naquele preciso período, dezenas de assassinatos e sumiços políticos ocorriam cada ano no país, vitimando opositores ou simples objetores de consciência que não tinham a sorte de serem escritores mundialmente conhecidos.

28 O poema foi adaptado por Léo Ferré. O resultado foi o clássico *Est-ce ainsi que les hommes vivent?*

29 Um dos apelidos dos Resistentes.

30 Dentre esta categoria, ainda cabe distinguir os simpatizantes que amparavam pontualmente certas atividades de Resistência (guardando material, abrigando foragidos, transmitindo recados), caso de Leiris; e aqueles cuja simpatia era mais exclusivamente intelectual, caso de Sartre e Queneau.

31 Uma tendência tem se consolidado entre certos biógrafos mais recentes de Sartre, tendência se não a desqualificar, pelo menos a avaliar com nítida circunspecção as 800 páginas do ensaio, cujo volume ostentaria como que materialmente as dimensões da passividade de seu autor durante a Segunda Guerra Mundial. Falta pouco para que alguns contabilizem as horas dedicadas à redação dessa pedra de toque do existencialismo como horas roubadas à Resistência ao Ocupante nazista da França. Muito mais sérias são, a meu ver, as ressalvas crescentes que dizem respeito às *Moscas*, releitura existencialista do mito de Orestes, que, durante décadas, foi insistentemente interpretada de forma retrospectiva como prova cabal do engajamento de Sartre ao lado dos Resistentes. Se é fato que, em 1943, os resenhistas da peça oriundos da imprensa colaboracionista (André Castelot, por exemplo) a condenaram, foi por julgarem-na moralmente decadente, e de modo algum em decorrência de seu suposto sentido político (ver, a este respeito: Galster, 2005). Ora, é digno de nota que, poucos meses depois de *As moscas*, em fevereiro de 1944, isto é, num contexto objetivamente menos confortável para os resenhistas da Colaboração (já que posterior ao desembarque norte-americano na Provença), outro mito grego seria objeto de releitura, na *Antígona* de Jean Anouilh, o que suscitaria debates inflamados acerca da ideologia implícita desta peça. Por que os mesmos críticos que alimentariam tais debates em relação à peça de Anouilh revelaram-se incapazes de enxergar o conteúdo político da peça de Sartre, num contexto objetivo de maior tranquilidade e impunidade para esses resenhistas partidários da Ocupação? Uma ressalva importante: a Censura detectara, sim, o teor potencialmente antialemão em *As moscas* (sem contudo proibir nem retocar a peça). Mesmo assim, é pedir demais ao bom senso compactuar com a ideia de que havia espaço, na Paris Ocupada de 1943, para um apelo, fosse ele alegórico e alusivo, à Resistência, isso às barbas de uma plateia constituída, por parte, de oficiais alemães (amiúde bilíngues e cultos) e de figurões da Colaboração não só aptos como predispostos a decifrar nas entrelinhas de qualquer obra suas verdadeiras intenções. Sobretudo em se tratando de dias em que a simples posse, por um transeunte revistado na rua, de um bilhete contendo dois versos inocentes ou algum provérbio enigmático, desembocava prontamente numa sessão de torturas numa das banheiras das milícias ou num dos calabouços da Gestapo. Por isso, a avaliação do conteúdo de *As moscas* divide os comentadores: assim, enquanto Galster ainda vê na peça uma obra que exprime alegoricamente certa simpatia para com a Resistência, Winock a julga desprovida de qualquer temeridade intelectual ou política, e Gilbert Joseph, membro eminente da Resistência, considera que a reputação antinazista da peça é resultado de uma mistificação orquestrada pelos amigos de Sartre, *post bellum*. Sobre essas questões, ler: Galster, 2014.

32 Organização clandestina que reunia os escritores franceses opostos ao regime de Vichy.

33 Ademais, ainda podia se arguir que Céline, mesmo tendo se abstido da produção de artigos a favor da Alemanha ou do regime de Vichy nas colunas dos jornais da Colaboração, não havia interrompido o lançamento de reedições dos panfletos antissemitas durante a Ocupação, e que ele havia, portanto, percebido direitos autorais decorrentes de tais reedições.

34 Expressão romana que significa: "Ai dos vencidos!"

35 Sartre escreveu algumas vezes na revista *Comœdia* (que se beneficiava da "proteção" do *sonderführer* Gerhard Heller), decerto exclusivamente sobre assuntos culturais, porém tal circunstância atenuante também podia ser pleiteada por outros contribuidores da mesma revista como Montherlant, Giono, Jouhandeau, todos autores alvejados pelo *Manifesto dos escritores franceses*. Um fato muito mais grave diz respeito a Castor: com efeito, sabe-se hoje em dia que Simone de Beauvoir redigiu e proferiu crônicas culturais nas ondas de Radio-Vichy, órgão da comunicação oficial do regime colaboracionista de Pétain. Ela não podia ignorar que, logo antes e logo depois de sua crônica, nomes de opositores políticos a serem perseguidos ou eliminados estavam sendo elencados.

36 O cerne do livro, publicado em 1941, é uma crítica feroz ao regime de Vichy e ao marechal Pétain (que odiava Céline e cujo sentimento era, digamos, mais do que correspondido). Todavia, é preciso salientar junto a nosso leitor brasileiro que isto não faz de Céline um tipo de "Resistente no seio da Colaboração." Evidentemente, ele só foi capaz de articular tais críticas, fosse em tom burlesco, e sob o feitio provocativo de uma proposição de "comunismo dos mil francos-Pétain para todo francês", porquanto ele beneficiava-se do apoio incondicional de numerosos admiradores e protetores alemães no seio do próprio alto comando das forças ocupantes. Aliás, sem esses apoios, e as credenciais que lhe propiciaram (dos quais ele próprio faz menção em *Norte* e em *De castelo em castelo*), como Céline poderia ter se deslocado tão facilmente, apesar da escassez dos meios de transporte, através da Alemanha de 1944-1945, em chamas, de norte a sul? Nem o marechal Pétain conseguia sair do reduto de Sigmaringa.

37 Fato confirmado por testemunhos provenientes das mais diversas capelas do cenário político variegado daquela época conturbada. Destarte, o fascista Rebatet cita uma discussão que tivera com Céline em outubro de 1940: "Rebatet: É nossa vez de agir, agora, de trazer um pouco de novidade. Céline: Trazer um pouco de novidade? Punhetagem, meu!... Vichy inexiste, não passa de fumaça, de sombra. A verdade é que os Fritz [os alemães] já perderam a guerra." Rebatet prossegue: "Olhei para ele, estupefato. O que tinha acontecido com ele? Era então o dia 12 ou 15 de outubro de 1940. Até os gaullistas mais exaltados (...) teriam ficado siderados por este discurso..." (Rebatet. 1994: 326, tradução minha). Quanto ao republicano André Pulicani, ele relata ter ouvido Céline declarar publicamente em 1941: "É na época de Blum [chefe do governo francês, dito de Frente Popular, entre 1936 e 1938] que gritar 'Salve a Alemanha' era preciso. Fazer isso agora é arrumar as mesas e tratar os invasores como hóspedes" (Pulicani, 1994: 317, tradução minha). Enfim, o Resistente Robert Chamfleury redigiu um artigo inteiro sobre a benevolência que Céline tivera para com a rede de Resistência que ele e a esposa dirigiam em Montmartre desde o apartamento situado no quarto andar do prédio cujo quinto andar era ocupado pelo escritor. Benevolência passiva (Céline não contou o que sabia para ninguém) e ativa (ele chegou a fornecer os primeiros socorros a resistentes foragidos, recém-torturados pela Gestapo; e abrigou um refugiado judeu logo no início da Ocupação). Cf. Chamfleury, 1994: 342-351.

38 Interessante notar que, em 1941, então diretor da NRF, Drieu La Rochelle estabeleceu a lista dos escritores prisioneiros de guerra e interveio junto às autoridades alemãs para libertar certos deles. Dentre os beneficiados: Jean-Paul Sartre.

39 Diretor da editora que publicou os livros de Céline entre 1932 e 1944. Denoël, amigo de Céline, recebia os mesmos pequenos caixões de madeira que este pelo correio desde 1943: eram avisos enviados pela Resistência da iminência do "justo castigo". Céline conclamou Denoël a imitá-lo e a deixar o território francês. Em vão.
40 A distância, Céline acompanharia os primeiros termos da justiça expeditiva que devia atingi-lo: seu apartamento de Montmartre seria saqueado e depredado por um bando de anônimos, que acabariam ateando fogo em seus pertences à vista de todos, na rua, declarando em bom e alto tom que, agora, só faltava juntar-lhes seu dono.
41 Declaração de Céline, citada por Pierre Monnier, em seu artigo "Résidence Surveillée" (1994: 364, tradução minha).
42 Famosas palavras de Pierre Bénard em sua resenha da peça, publicada em *Front National*, periódico oriundo da clandestinidade armada (tradução minha).
43 No poema "Neiges de Siegmaringen" ("Neves de Siegmaringa", em que a cidade se vê sarcasticamente ortografada com o "e" de "Sieg", ou seja, "vitória" em alemão), publicado em fevereiro de 1945 em *Les Lettres Françaises,* Louis Aragon, um dos signatários do *Manifesto* em 1944 e um dos tradutores, outrora, da *Viagem* em russo, descreve – entre outros exilados – Céline "escondido sob as cinzas" da infâmia e da vergonha.
44 No final da década de 1950, ele ofereceria um retrato digno, e em primeira pessoa, desta epopeia às avessas (a trilogia alemã), testemunha alucinada do naufrágio apocalíptico e grotesco de uma certa França.
45 Apelido da Société littéraire des Goncourt (Sociedade literária dos Goncourt), colégio de dez jurados vitalícios que, desde 1903, recompensa o melhor romance francês do ano. Esse prêmio é o mais prestigioso e cobiçado das centenas de prêmios literários que existem na França.
46 Trata-se de Guy Mazeline, autor de *Les Loups* [*Os lobos*]. *Viagem ao fim da noite* teve de se contentar com o Prêmio Renaudot, um prêmio concorrente do Goncourt, menos prestigioso do que este.
47 Nessas páginas, o socialismo real é sistematicamente sinônimo de polícia onipresente e de miséria geral obrigada a sorrir e a louvar as virtudes inauditas do paraíso proletário. "Os sovietes são versados no vício... se perdem na propaganda. Tentam enfeitar a bosta, vendê-la como caramelo.... Substituíram o patrão (sim, senhor!...), suas tolices, seus ardis, todas suas galinhagens publicitárias! Souberam recauchutar essa velharia! Bem depressa! Os novos cafetões subiram logo no palco!... Mirem tais novos apóstolos... Suas panças cheias de banha e suas bocas cheias de canções!... Grande Revolta! Imensa Batalha! Mas... e o despojo da vitória? Pequenino, o despojo!... Avarentos contra invejosos: afinal, foi a isto que

se reduziu toda a batalha! Nos bastidores, já mudaram de bravata... Eram sinceros no início, mas agora já entenderam tudo! (E fuzilam aqueles que ainda não entenderam!) ... A alma, daqui em diante, cabe no "cartão do Partido"... O perdeu? Acabou tudo!... O proletário? Está em casa! Lendo o 'seu' jornal! Lendo 'seu' blá-blá! Mas só esse aí! Outro, não!... Sobretudo, não me vem com esse papo de pedir mais do que isso, imundice! Ou corto tua cabeça!" (Céline, 2011: 23-25, tradução minha). Vale acrescentar a síntese que Céline fazia de sua viagem à União Soviética para seus amigos, tal como é relatada por um deles: "Em suma, três coisas, e somente três, funcionam bem no país dos sovietes: exército, polícia, propaganda." (Pulicani, 1994: 315, tradução minha).

48 Nas palavras retrospectivas do jornalista e escritor de extrema-direita Lucien Rebatet: "Janeiro de 1938. O apogeu de nosso semanário fascista *Je Suis Partout*. No telefone: a voz de um de meus mais próximos cúmplices neste jornal, P.-A. Cousteau: "Meu velho, escute só isso: 'Judeus! Continência! Poupem saliva e imaginação'...". Foi assim que soube da explosão daquela bomba, *Bagatelas para um massacre*. O único dos livros de Louis-Ferdinand que tinha sido acolhido por nosso campo com um entusiasmo que não sofresse ressalva alguma. A surpresa era extraordinária – podia se esperar qualquer coisa do autor, salvo tamanho manifesto – e prodigioso o reforço para nós: um escritor que permanecia situado à extrema-esquerda, embora tivesse publicado sua decepção do comunismo, o homem do povo, o naturalista ferrenho, o ateu que menos se pudesse suspeitar de reação" (Rebatet, 1994: 322, tradução minha). Cabe notar que tal entusiasmo logo cessaria, pois, um ano depois, à véspera da Segunda Guerra Mundial, o pacifismo intransigente de Céline levaria este a abraçar posições tão extremas que espantariam inclusive os mais radicais partidários franceses do nazifascismo: "Se nós outros fascistas havíamos dançado a pírrica em 1938 em torno das *Bagatelas*, não se pode dizer o mesmo d'*A escola dos cadáveres*, um ano mais tarde: este livro quebrou nossos braços e pernas. Hitler acabara de entrar em Praga. E era este o instante que Céline escolhia para pedir a aliança total, militar, política, econômica, com a Alemanha. Era impossível, mesmo para nós, imprimir uma palavra sequer sobre um tal possuído" (Rebatet, 1994: 324, tradução minha).

49 É claro, estou me referindo à primeira teoria dos atos de fala de John Langshaw Austin, cuja nomenclatura, apresentada em *Quando dizer é fazer*, distingue atos de fala constatativos, que descrevem ou narram um evento, e atos de fala performativos, a cujo proferimento corresponde a execução das ações de jurar ou de sentenciar, que vinculam esses atos a instituições.

50 Vale notar aqui que, durante décadas, muitos amigos de Céline defenderam com insistência a tese de que a publicação dos panfletos antissemitas sofria uma proibição tácita e misteriosa da República francesa. Porém, tratava-se de uma fabulação: hoje em dia, se tornou notório o fato de que foram os próprios Céline e Lucette Almanzor que se opuseram constantemente à reedição dos três livros.
51 Circunstância agravante: a citação em questão ("É um rapaz sem importância coletiva; é apenas um indivíduo") provém de *L'Église* (*A Igreja*), peça de teatro que Céline redigiu em 1927-1928, e que só seria publicada sob forma de edição limitada depois do sucesso de seus primeiros romances. A obra (medíocre, de acordo com o próprio autor) articula uma sátira da Sociedade das Nações (ancestral da ONU), apresentada como o laboratório de Mamon para infernizar o planeta. Vale salientar que alguns de seus trechos são veladamente antissemitas (aliás, um leitor judeu do manuscrito, colega de trabalho de Céline no dispensário de Clichy, virou inimigo deste logo após essa leitura). Duas consequências: primeiramente, a fábula segundo a qual Céline teria criado certas obsessões em meados da década de 1930, abruptamente, não resiste às constatações que precedem, embora tal fábula possa se valer de trechos hilários de *Morte a crédito* (1936) em que ele ridiculariza os delírios de perseguição antissemitas e antimaçônicos de seu próprio pai (cf. Céline, 2011b: 216; 271/904). À luz d'*A Igreja*, é mais plausível supor que Céline tenha provisoriamente dissimulado seu antissemitismo para adentrar o mundo das letras. Segunda consequência: é preciso frisar que, para servir de epígrafe a seu primeiro romance, o Sartre de 1938 achou natural desenterrar uma citação oriunda de um texto pontualmente antissemita de Céline cuja difusão e circulação eram limitadas. Portanto, além de Sartre conhecer muito detalhadamente a obra de Céline à véspera da Segunda Guerra Mundial (e não apenas a *Viagem*, conforme Beauvoir admitiu certa feita – cf. Simone de Beauvoir, *A força da idade*, 1984: 138), cabe adir que, na época, o teor antissemita de parte desta obra não parecia o incomodar excessivamente.
52 O que Céline resume dizendo que, com os panfletos, ele se "cruzou", isto é, virou cruzado da paz. O que significa que, segundo ele, antes dos panfletos, sua arte apenas manifestava sensivelmente ao leitor quão insuportável era "subviver" feito um pobre-diabo, isto é, o que era viver a crédito e morrer para quitar os juros de uma sobrevivência supérflua. Nos panfletos, Céline passa a se engajar explicitamente contra o estado de fato que a sua maneira literária da *Viagem* e de *Morte a crédito* tão somente restituía de modo imersivo. Segundo os critérios especiosos e obsessivos que imperam sobre seus sofismas das *Bagatelas*, ao acusar os

judeus de fomentar uma guerra, ele deu nomes aos bois. "Só me joguei (como um babaca!) naquela aventura apavorante e miserável com o intuito de evitar outra guerra, para que o sangue francês não fosse derramado" ("Carta a Milton Hindus de 2 de setembro de 1947", em *Cahier de l'Herne, Céline*, 1994: 412-413, tradução minha). Se avaliados através do prisma do individualismo soberbo e "isentão" do Sartre dos anos 1930, os panfletos constituem uma traição da liberdade pelo simples fato de se engajarem. Se avaliados através do prisma do existencialismo do Sartre de 1945, o engajamento dos panfletos constitui uma traição, não mais do abstencionismo, doravante condenado, e sim da humanidade; além de um desvirtuamento da liberdade a favor do antissemitismo, a favor da guerra ao lado de Hitler e contra suas vítimas.

53 Quase, pois existem raríssimas exceções: é, por exemplo, o caso de Proust – ao reconhecimento de cujo gênio o autor da *Viagem* aquiesce, embora com certas ressalvas – que soube criar um estilo próprio para narrar do jeito que viveu a sua vida de grande burguês ocioso, *e somente ela.*

54 O próprio nome de Bardamu expressa que, para Céline, a ideia de liberdade situada ou de liberdade em situação é grotesca: na gíria dos praças franceses, o "barda" é a mochila pesada que eles carregam nas costas durante os movimentos de tropas. O "mu" de Bardamu evoca o particípio passado do verbo "*mouvoir*" (mover). "Bardamu" não passa de equipamento em movimento. Seu próprio nome expressa o que ele é para a burguesia que o jogou nas trincheiras. Ele não tem identidade além disso. Sua situação é uma coisificação.

55 Por exemplo, no famoso capítulo inaugural da *Viagem*, o anarquista Bardamu – em gesto de desafio provocador, executado para espantar Arthur Ganate, seu interlocutor nacionalista – se alista alegremente no Exército. Poderia parecer se tratar de uma decisão. Porém, muito em breve, a guerra estoura, e Bardamu encontra-se na linha de fogo, onde a diferença entre alistados voluntários e conscritos involuntários é nula.

56 Expressão corriqueira nas redações dos jornais franceses desde a década de 1910. Céline, porém, foi o primeiro a utilizá-la de modo comum, em *Bagatelles pour un Massacre.*

57 "Morro como um grande artista" (em latim). Expressão atribuída por Suetônio ao imperador Nero, que se julgava grande cantor, poeta e ator. Pouco tempo depois de ter mandado atear fogo aos bairros plebeus de Roma a fim de lograr contemplar uma obra de arte realmente sua, de dimensões gigantescas, e feita de chamas, de gritos, de lágrimas e de cinzas, Nero pronunciou essas palavras e se suicidou.

58 Cabe observar que *Morte a crédito* (publicado em 1936) foi ainda mais longe do que *Viagem ao fim da noite* nessa tarefa estética de conversão da

narração às emoções da oralidade bruta: assim, muitos foram aqueles que, à leitura do segundo romance de Céline, confessaram que a língua da *Viagem*, quatro anos antes tida como revolucionária, parecia de repente deveras convencional, e até clássica. A mesma constatação diria respeito ao estilo de *Morte a crédito* quando comparado ao dos volumes da trilogia alemã (*De castelo em castelo, Norte* e *Rigodon*), publicados a partir de 1957. Aliás, Céline admitiria ter trocado o romance para a narrativa no intervalo. Frisemos o paradoxo da estética reivindicada por Céline: a quem quer escrever, ele recomenda que deite a própria carne no bloco do açougueiro ou que coloque a própria cabeça no cepo, isso para não soar gratuito, isto é, formal, embalsamado ou imbuído de si; no entanto, ele também afirma – em tom bastante nietzschiano – a completa irresponsabilidade do criador, necessária à leveza dançante da obra.
59 A escolaridade de Céline foi tipicamente a de uma criança francesa nascida em 1894 e oriunda das classes populares urbanas. Desde 1885, a Terceira República instaurara a obrigatoriedade, universalidade, gratuidade e laicidade do ensino público para crianças entre 6 e 10 anos de idade. Até a Primeira Guerra Mundial, para poder prosseguir em seus estudos formais, no colégio ou no liceu, onde o material didático, oneroso, ficava à custa das famílias, um jovem francês financeiramente desamparado tinha de obter uma das raríssimas bolsas públicas integrais. Neste contexto, o percurso de Céline acatou a norma sociológica da época: ele foi aluno de uma escola comunal pública, onde concluiu seus estudos primários e da qual saiu diplomado aos dez anos de idade para trabalhar como *trainee* e factótum em diversas boutiques e lojas. Só voltaria aos estudos depois da Primeira Guerra Mundial, para ir à faculdade e cursar medicina, na qualidade de bolsista da República, decorrente de seu heroísmo no campo de batalha. Cabe ressaltar que ele sempre se orgulhou e muito por não ter frequentado um dia sequer os colégios e liceus públicos, cujo elitismo meritocrático de fachada era assimilado por ele (assim como pela maioria dos franceses das camadas humildes) à mera aprendizagem do pedantismo burocrático. Para o Céline que sobreviveu às trincheiras, esse pedantismo passa a ser, mais exatamente ainda, o dialeto dos serviçais cultos da plutocracia belicosa. Inútil dizer que Sartre, nascido em 1905 (ou seja, jovem adolescente à hora do Armistício de 1918), oriundo da alta burguesia, e estrela dos concursos públicos do ensino superior francês, acumula os sintomas de putrefação moral inata, segundo os critérios celinianos, que poderíamos rotular como expressões de um classismo visceral.
60 "Não conheço Camus, nunca cheguei a lê-lo, mas conheço as peças de Sartre – ambos são em suma naturalistas modernizados..." (Céline, "Car-

ta a Milton Hindus de 11 de junho 1947", em *Cahier de l'Herne, Céline*, 1994: 390, tradução minha.)

61 Aluno da prestigiosa École Normale Supérieure, reduto da elite intelectual francesa durante o século XX.

62 Aliás, Céline confessou várias vezes admirar a obra de Georges Seurat, pintor neoimpressionista, pontilhista e divisionista, expoente de uma superação da figuração pela transfiguração pictórica a partir do ritmo da pincelada e de uma geometria das sensações. Seurat influenciou a direção da arte moderna com *Tarde de domingo na ilha de Grande Jatte*, quadro exposto em 1886 no Salão da Sociedade dos Artistas Independentes (*vulgo* o "Salão dos Independentes"), de que ele próprio fora um dos quatro fundadores dois anos antes. Além deste quadro, Céline também destacava *O circo*, de 1891, a última obra, inacabada, de Seurat. Concebe-se claramente o que ressoava em Céline na pintura de Seurat: ele mesmo era obcecado pela questão da criação de um novo ritmo na língua escrita através da transcrição estilizada da língua vivente, falada, transcrição essa efetuada a partir da multiplicação das elipses, dos neologismos, das interjeições, dos pontos de reticência etc.

63 Cf. entrevista televisiva concedida em Meudon por Céline a Louis Pauwels, direção: Yvan Jouannet, programa: *En Français Dans Le Texte*, de 16 de junho 1959: "Pergunta de Pauwels: quando criança, você sentia admiração pelos escritores?" Resposta de Céline: "Realmente não, nem um pouco! Me parecia deveras ridículo um carinha sentar-se para começar a babar sobre aquilo que ele pensa da vida. Por que raios saberia ele mais do que quaisquer outros?" (de 9'25' até 9'37").

64 Ibid.: "Dentre os escritores apenas me interessam aqueles que possuem um estilo. Se não têm estilo, não me interessam. Pois, estórias, há de montão pelas ruas: há estórias por todo lugar, há monte de estórias nas delegacias, e também nos tribunais, e na sua vida. Todo mundo tem uma estória, mil estórias. Agora, um estilo, isso sim é coisa rara, meu senhor. Um estilo é coisa rara. Estilo, há um, dois, três por geração. Há milhares de escritores que não passam de pobres balbuciantes, de ápteros... Eles rastejam pelas frases, reparam o que outros dizem e não afirmam nada. Eles escolhem uma estória, uma boa estória, e em seguida dizem: 'Eu vejo que... etc." Para mim, isso não é nem um pouco interessante! Pois me aconteceu algo bem peculiar, né... Cessei de ser escritor, né... para me tornar cronista. E aí coloquei minha pele sobre o bloco. Porque não podem esquecer de algo: a verdadeira inspiradora é a morte. Caso não coloque a sua pele sobre o bloco, você não tem nada. É preciso pagar. O que é gratuito soa gratuito, fede a gratuidade. Quer que nomeie escritores gratuitos? Só tem isso!" (de 12'35' até 13'23').

65 Pois, e isto não deixa de impressionar, embora sejam transcritas ou transfiguradas nos romances, a imensa maioria das situações retratadas por Céline se radicam em sua vida real: ele conheceu as trincheiras flamengas da guerra de 1914, o submundo londrino da década de 1910 (fonte de inspiração de *Guignol's Band*); trabalhou nos Camarões em uma empresa francesa de madeira, trabalhou com a Fundação Rockefeller recolhendo informações sobre a tuberculose; viajou pelo mundo sob a égide da SDN (Sociedade das Nações, ancestral da ONU); neste âmbito, visitou notadamente as usinas Ford, em Detroit, atuou como médico em diversos dispensários da periferia parisiense etc. Observemos que essa matéria biográfica densa foi acumulada antes de 1928, isto é, até quatro anos antes da publicação de *Viagem ao fim da noite*.
66 Paradoxalmente, o postulado da disjunção moral homem/artista não implica, em Céline, que as duas dimensões jamais se comuniquem, pelo contrário: até se deve observar que, para ele, somente o valor da vida que o homem leva é capaz de garantir a autotelia da obra criada pelo artista. A vida não pode ser oca, senão a arte será gratuita; e tudo nela soará falsificado. Não deixa de ser assaz raro e estupefaciente, convenhamos, o fato de que, em relação a ele, tal disjunção corresponde ao caso de um herói (o sargento Destouches, do Décimo Segundo Regimento de Couraceiros), condecorado com a Medalha Militar e a Cruz de Guerra com Estrela de Prata, que, ao se tornar escritor, vira arauto não apenas do pacifismo (o que ainda seria uma postura demasiado abstrata, demasiado banal, fracamente teórica, segundo seus critérios) e sim da covardia e da deserção como únicos projetos de vida admissíveis. Convenhamos também que é bem mais frequente deparar-se com homens covardes que, ao terem suas testas beijadas pelas Musas, passam de repente a preconizar a mais altiva temeridade nas páginas de suas obras edificantes. Embora isto possa ser desconcertante, é digno de nota e atenção o fato de que a autoridade moral do homem Céline no que diz respeito à guerra de 1914 se alicerça em seu patriotismo pessoal, impecável até o sacrifício, que ele coloca ao serviço literário de Bardamu, seu narrador/*alter ego* anarquista e individualista em *Viagem ao fim da noite*. Claro, não faltarão filósofos melindrosos para enxergar certa contradição entre vida e obra em Céline. Por mim, antes tendo a detectar, em relação aos romances, uma disjunção vida/obra de grande valor ético-estético, pois na *Viagem* opera um pudor (típico da *common decency* dos humildes, como diria Orwell) que desempenha o papel de moral calada e industriosa subjacente à estética celiniana da sinceridade transfigurada. A contradição é o ar que Bardamu respira e que o faz sufocar nas trincheiras, ou nas colônias, ou na usina Ford, ou nos dispensários da periferia popular. Resolver essa

contradição seria acessar a ordem do conceito e da filosofia. Não resolvê-la permite permanecer no plano da imersão na subvida, da subvida em primeiríssima pessoa, e assim transcrever a voz dos escravos derrotados da noite. Porém, tudo se complica quando Céline resolve virar promotor, isto é, quando escreve os panfletos: não que a voz do *laos* não possa ser odiosa e homicida (o linchamento de algum bode expiatório faz parte de suas práticas recorrentes); mas, mais profundamente, em *Bagatelas*, na *Escola* e nos *Lençóis*, Céline atravessa o rubicão do engajamento e, queira ou não, supera a contradição acima mencionada. Pois, ao se "cruzar", ele abraça uma forma de retórica da persuasão, objetivante, e, aliás, produz documentos, estatísticas, antes de propor soluções: sobre tais bases, como poderia ele ainda advogar a separação de sua vida e de sua obra? Como a vida do homem poderia sair ilesa da autoria de obras de circunstância e de atualidade que propõem "aquelas" soluções?

67 Aqui, encontramos formulada a respeito de Céline uma análise da personalidade racista que Sartre desenvolve em *A P... Respeitosa*, com o personagem do senador Clark, que sequer acredita no valor dos argumentos raciais que ele utiliza para convencer Lizzie a não testemunhar contra seu sobrinho Thomas, que esta flagrou assassinando um homem negro.

68 Ver, a esse respeito, as considerações recorrentes do *Diário de uma guerra estranha* sobre a "carreira" de "grande homem" ambicionada de longa data por Sartre.

69 O evento, maciçamente anunciado nos principais jornais parisienses, e organizado na Salle des Centraux, em 29 de outubro de 1945, às 20h30, diante de uma multidão que não cabia nas modestas dimensões do lugar (não faltaram os empurrões, as cadeiras quebradas e os desmaios de ouvintes), marca o verdadeiro lançamento do existencialismo.

70 Duas vezes chefe do governo do marechal Pétain durante a Colaboração, e, a esse título, uma das figuras de proa da alta traição e da cumplicidade homicida com os nazistas. Esse político, notoriamente inescrupuloso e corrupto, que fora um espécime caricato das mazelas do parlamentarismo fisiológico da Terceira República francesa, estreou na política nacional como deputado socialista nos anos 1910, antes de se tornar senador de centro-direita durante os anos 1920-1930. Ele fora várias vezes presidente do Conselho (chefe do governo) durante este mesmo período; e é até hoje um dos dois únicos franceses (o outro sendo De Gaulle) que auferiram a distinção de "Homem do Ano" da revista *Time*, em 1931, pelo seu pacifismo.

71 Esse monarquista francês, soldado condecorado por bravura em 1917 e em 1940, formou a LVF (Liga dos Voluntários Franceses), que serviu de milícia para o governo de Vichy. Em nome da luta contra o comunismo, a LVF foi um dos principais instrumentos de repressão da Resistência francesa durante a Ocupação. Em 1943, Darnand se alistou nas *Waffen*-SS nazistas e ali alcançou a patente de major.

72 Ao sentenciar, por exemplo: "Quem tem feito mais para o operário? Não é Stalin, e sim Hitler" (Céline, 1938: 108).

73 Um psicanalista poderia deleitar-se, creio, com a natureza filial não correspondida que caracteriza a relação literária dos dois autores. A respeito de seu pai biológico, Jean-Paul escreve: "A [sua] morte... foi o maior negócio de minha vida: ela devolveu minha mãe a suas correntes e me deu a liberdade. Não há bons pais, é a regra: que não se faça disto agravo aos homens e sim ao laço de paternidade, que é podre. Fazer filhos, nada há de melhor: agora, tê-los, que iniquidade! Tivesse ele vivido, meu pai ter-se-ia deitado sobre mim com todo o seu comprimento e ter-me-ia esmagado" (Sartre. 1964: 18, tradução minha). Antes da guerra, o autor d'*A náusea* admirava o da *Viagem*; a recíproca não existia. Durante a Ocupação, o autor de *As moscas* cortejava o mais revolucionário/reacionário dos escritores franceses numa hora (dúbia e tenebrosa) em que uma só palavra vagamente laudativa de Céline ter-lhe-ia aberto muitas portas; e buscava insistentemente seu reconhecimento, mas o nada mundano Céline nunca respondeu a essas tentativas de aproximação, até porque se recusava, por princípio, a participar da vida literária naquelas circunstâncias políticas detestáveis. Céline, "pai pródigo", era um antecessor que, ao invés de ter o bom gosto de morrer para deixar Sartre, "filho prodígio" tomar livremente posse do "pedaço", insistia em viver, e pior! Em viver lá longe dele, ameaçando deitar-se durante mais alguns anos com todo o comprimento de sua sombra prestigiosa sobre uma prole desprezada ou ignorada.

74 O governo dinamarquês, depois de examinar o dossiê que a justiça francesa produzira contra Céline para pleitear sua extradição, e constatando que esse dossiê era vazio, ofereceu oficialmente asilo ao escritor contra a promessa de que este não tentaria fugir do país.

75 Para um leitor francês dos anos 1940-1950, esse nome, "Jean-Baptiste", é bastante conotado: trata-se do típico nome de um *"fils-à-papa"* ("filhinho de papai"), e mais exatamente ainda de um filhinho mimado da burguesia católica ou protestante, prometido ao lustre dos melhores colégios da elite. Para que o nosso leitor brasileiro de 2021 nos entenda, digamos que há nesse nome um quê de "Mauricinho" incrementado de uma pitada de liturgia cristã (Mauricinho do Rosário? Mauricinho da Imaculada Conceição?). Tem mais: Jean-Baptiste Sartre, de fato, era o nome do pai de Jean-Paul Sartre, falecido quando este tinha apenas um

ano de idade. Será a corruptela do nome de Sartre no texto de Céline mero acaso ou baixeza voluntária? Por mais surpreendente que possa parecer, creio que tudo é possível: a família Schweitzer (família do avô materno de Sartre) possuía uma casa de vilegiatura na parte nobre da verdejante cidade de Meudon, nos arredores de Paris, onde o pequeno Jean-Paul passou muito tempo nos anos 1906-1917. Ora, a mãe de Céline, que era pequena comerciante especializada na venda a retalho de tecidos artesanais, e mais especificamente de rendas feitas à mão, tinha uma clientela importante naquela precisa área. Ela se deslocava com frequência até lá nos anos 1900-1910; às vezes, inclusive, o jovem Louis a acompanhava. Ele manteve contato com certos conhecidos daquela época durante muitos anos. Aliás, Céline passaria os dez últimos anos de sua vida naquela precisa cidadezinha. Quem sabe ele não se lembrara de alguma confidência concernente ao pai de Sartre?

76 *L'Etourdi*, peça do jovem Molière (1655).

77 Um dos *Caráteres* do moralista La Bruyère.

78 Alusão ao título de uma peça de 1926, da autoria de Jean-Victor Pellerin, expoente de um primeiro existencialismo, surgido, conforme Céline afirma duas vezes em sua correspondência com Milton Hindus, durante o outro pós-guerra (o dos anos 1918-1929). Segundo Céline, tratava-se de uma escola de cinismo e brutalidade verbal infinitamente mais talentosa e sólida do que o existencialismo de Sartre e de Camus. O que não o impede, entretanto, de sentenciar que ela e seus autores foram legitimamente esquecidos. Cf. Céline, "Cartas a Milton Hindus de 12 de junho 1947" e "de 24 setembro 1947", em *Cahier de l'Herne, Céline*, 1994: 393 e 417, respectivamente. Vale notar que, ao designar esses supostos antecessores do existencialismo sartriano, Céline – então exilado na Dinamarca e cuja biblioteca fora pilhada, em Montmartre, nas horas do Expurgo de 1944 – parece se confundir: Pellerin não é sequer nomeado; quanto a Gantillon, ele vira "Gautizon" em uma das cartas em questão.

79 Alusão ao título de *Maya*, uma peça de Simon Gantillon produzida em 1924, que, em 1949, inspiraria um filme do mesmo nome dirigido por Raymond Bernard. Segundo Céline, Simon Gantillon seria mais um expoente daquele existencialismo do outro pós-guerra (ver nota de rodapé precedente).

80 Céline será um professor menos generoso em suas conversas com seu amigo, o grande Resistente Chamfleury: "Aquele Sartre? Caguei-o no mundo!... Quem se preocupa com seu próprio excremento?... por existencialista que seja!.... blá-blá-tante perigoso!... delirante *ad libitum*!... Nem 2/20, se eu fosse inspetor, num colégio... Hegelo-babaquices!... mal digeridas..." (Chamfleury, 1994: 351, tradução minha).

81 Meses depois de sua saída da prisão, Céline ainda sofria de enxaquecas incessantes e de pelagra decorrente da desnutrição que o assolara enquanto encarcerado.
82 O Théâtre du Grand-Guignol foi um teatro do malfamado bairro de Pigalle, em Paris. Fundado em 1897, ele logo se especializou em espetáculos de horror naturalistas e em encenações nada refinadas de histórias macabras e sanguinolentas, até seu fechamento definitivo em 1962.
83 Charles Dullin, ator e diretor de cinema. Foi o diretor do Théâtre Sarah Bernhardt/Théâtre de la Cité, entre 1940 e 1947.
84 A gratuidade da arte sartriana é, segundo Céline, o pecado que a condena à inexpressividade: "É preciso educar o público, é claro – e Sartre é muito útil para isso – mas como seu teatro é gratuito! Tão pouco pago! e sua filosofia! Ele precisava de dois anos de cadeia – três anos de trincheiras para aprender o existencialismo de verdade – mais uma condenação à morte nas suas costas durante dez anos – e ainda por cima, uma invalidez daquelas – 75 por cento – para deixar de devanear – e então, ele não fabricará mais monstros gratuitos" (Céline, "Carta a Milton Hindus de 11 de junho 1947", em *Cahier de l'Herne, Céline*, 1994: 391, tradução minha).
85 Alusão, é claro, ao título do segundo romance de Beauvoir, publicado em 1945, dentre cujos temas principais consta a concepção, profundamente existencialista, de que não participar da Resistência era estritamente sinônimo de aceitar a Ocupação alemã. Em 1960, olhando retrospectivamente para essa obra, Beauvoir a julgaria excessivamente didática. De acordo com os critérios estéticos de Céline, o didatismo romanesco (inerente ao romance filosófico prezado por Beauvoir, Sartre e Camus) nunca é senão sintoma de gratuidade (isto é, de distanciamento burguês), de falsidade e de usurpação.
86 Trata-se do Théâtre Sarah Bernhardt, que, devido a seu patrônimo semita, foi rebatizado Théâtre de la Cité, entre 1941 e 1945. É ali que, em 2 de junho de 1943, a peça *As moscas* de Sartre foi encenada pela primeira vez.
87 Aqui, Céline alude, é claro, ao *Manifesto dos escritores franceses*.
88 Jean Cassou, escritor, poeta, Resistente da primeira hora (desde 1940).
89 Um dos primeiros e principais poetas surrealistas e expoentes da escrita automática durante a década de 1920 (autor, por exemplo, do emblemático verso: "A terra é azul como uma laranja"). Aderiu ao Partido Comunista na década seguinte; e, a esse título, se engajou na Resistência durante a Ocupação. Nessas circunstâncias, cunhou os versos do poema "Liberdade", que seria – junto com o "Canto dos Partidários" de Maurice Druon – um dos hinos da clandestinidade armada.

90 Outro grande poeta surrealista histórico. Tornou-se um prolífico e admirado romancista realista a partir da década de 1930. Membro da direção do Partido Comunista Francês e Resistente. Tornar-se-ia uma das mais contumazes "encarnações" do stalinismo na França durante o pós-guerra.
91 Aqui, Céline se refere a Elsa Triolet, esposa de Louis Aragon. Romancista reconhecida, figura de destaque do Partido Comunista Francês desde a década de 1930. Junto com Aragon, Triolet também fora, em meados desta década, a tradutora entusiasta da *Viagem ao fim da noite* em russo (sua língua materna), possibilitando a publicação e o sucesso avassalador do romance de Céline na União Soviética antes de 1936.
92 François Mauriac, maior representante do romance psicológico em língua francesa e figura de proa da literatura católica humanista. Membro da Ação Francesa (movimento fascista e monarquista francês) no dealbar dos anos 1930, ele rompeu com esse movimento quando abraçou a causa dos republicanos durante a Guerra Civil espanhola, em 1936. Depois de uma breve adesão à política colaboracionista do marechal Pétain de 1940 a 1941, se juntou à Frente Nacional dos Escritores (órgão da Resistência) e publicou clandestinamente sob o pseudônimo de Forez o *Caderno negro*, obra pró-Resistência de imensa repercussão. Até seus últimos dias, foi um partidário constante, e até um turiferário, do General De Gaulle.
93 Le Bal Tabarin (O baile Tabarin), cabaré do bairro de Montmartre, em Paris. Céline, morador da área, não deixou de notar, da janela de seu apartamento, que, durante a Ocupação, o lugar era intensamente frequentado pela alta oficialidade alemã e pela nata política, financeira e artística francesa. No cardápio dessa plateia exigente: jazz, vinhos finos, *french cancan*, dançarinas seminuas, altos papos e grandes negócios. Nada que pudesse evocar, sequer longinquamente, as restrições alimentares e o racionamento que imperavam sobre a população francesa. Vale notar que Céline, embora amador renitente de dançarinas e membro, com seu amigo pintor Gen Paul, da boêmia reacionária do Montmartre da segunda metade dos anos 1930 (tão bem descrita por Nicholas Hewitt), deixara de frequentar cabarés e teatros durante a Ocupação.
94 Trata-se do "Muro do Atlântico", a gigantesca rede de *bunkers* defensivos que os alemães mandaram edificar em tempo recorde, entre 1942 e 1944, com o concurso (ativo ou forçado) de financeiros e empreiteiros franceses ao longo dos litorais norte e oeste da França, para impedir uma eventual invasão anglo-americana pelo mar. Falar em "jazz dos construtores" deixa a entender que, para certos meios parisienses ou provinciais, a Ocupação foi uma grande festa, regada a grandes negócios, e alheia às questões de lealdade ou de predileção ideológica: a música que acompa-

nha a assinatura dos contratos dos empreiteiros franceses designados para edificar os *bunkers* atlânticos alemães é um ritmo americano dançante, prenunciativo dos vazamentos (eles também pagos?...) que acabaram facilitando e muito a tomada desses *bunkers* pelos aliados em 1944.

95 Ver nota de rodapé precedente.

96 Isto é: condenados aos trabalhos forçados, o que, no caso da França, significava que a sentença devia ser cumprida na Guiana, principalmente na famigerada ilha do Diabo.

97 Doença endêmica entre deportados e prisioneiros da Segunda Guerra Mundial, sejam estes os deportados do nazifascismo, ou os colaboracionistas que, como o próprio Céline, ficaram presos depois do exílio em Sigmaringa e na Alemanha em chamas de 1944-45.

98 Isto é: condenados à pena de Indignidade Nacional (trata-se de uma destituição da nacionalidade francesa destinada aos reconhecidos culpados de traição ou de alta traição).

99 Céline refere-se aqui, evidentemente, às dezenas de milhares de mulheres francesas que, acusadas de "inteligência horizontal" (sic) com o inimigo, tiveram a cabeça raspada em público por Resistentes em geral deveras tardios, quando não imaginários.

100 Os grandes jornais souberam, com muita competência, aproveitar a feliz oportunidade que o acaso lhes providenciara: como Hemingway se suicidou poucas horas depois de Céline falecer, puderam destacar aquele evento nas suas manchetes para melhor relegar este às notícias secundárias das páginas seguintes, entre aqueles fatos e ocorridos de pouca importância que a gíria editorial francesa chama de *"les chiens crevés"* (os cachorros mortos) ou de *"les chiens écrasés"* (os cachorros atropelados).

Referências

ARAGON, Louis. "*Bierstube* Magie Allemande". *Le Roman inachevé*. Paris: Gallimard, 1966.

BEAUVOIR, Simone de. *A força da idade*. Tradução de Sérgio Millet. Rio de Janeiro: Nova Fronteira, 1984 [1960].

CAHIER *de l'Herne, Céline*. Ed. de L'Herne. Paris: Biblio Essais, 1994 [1963].

CAMUS, Albert. "La Nausée, par Jean-Paul Sartre". *Alger républicain*, em 20 de outubro de 1938.

______. *Œuvres completes*, t.I. J. Lévi-Valensi (dir.). Bibliothèque de la Pléiade. Paris: Gallimard, 2006.

CÉLINE, Louis-Ferdinand. *Le style contre les idées. Rabelais, Zola, Sartre et les autres*. Le Regard Littéraire. Paris: Editions Complexe, 1987.

______. *Les Beaux Draps* [*Os maus lençóis*]. Paris: Nouvelles Éditions Françaises, 1941.

______. *Viagem ao fim da noite*. Tradução de Rosa Freire d'Aguiar. São Paulo: Companhia de Bolso, 2009. E-book.

______. *Mea Culpa*. Paris: Du Libot, 2011 [1936]. E-book.

______. *Mort à Crédit*. Paris: Gallimard, 2011b [1936]. E-book.

______. *L'École des Cadavres*. Paris: Denoël & Steele, 1938.

CHAMFLEURY, Robert. "Céline ne nous a pas trahis". *Cahier de l'Herne, Céline*, ed. de L'Herne. Paris: Biblio Essais, 1994 [1963].

EPSTEIN, Simon. *Un Paradoxe Français. Antiracistes dans la Collaboration, antisémites dans la Résistance*. Paris: Albin Michel, 2008.

GALSTER, Ingrid. "Que faisait Sartre sous l'Occupation?". *L'Histoire*, n°248, 2000.

______. *Sartre devant la presse d'Occupation. Le dossier critique des Mouches et Huis Clos*. Presses Universitaires de Rennes, 2005. p. 9-30.

______. *Sartre sous l'Occupation et après. Nouvelles mises au point*. Paris: L'Harmattan, 2014.

GRASSET, Baptiste. "A ilusão das duas burguesias: a 'Segunda viagem' de Sartre ao Brasil". *Sartre e a política*. Marcelo S. Norberto, Fabio Caprio Leite de Castro (orgs.). Rio de Janeiro: Ed. PUC-Rio, 2019.

MONNIER, Pierre. "Résidence Surveillée". *Cahier de l'Herne, Céline*, ed. de L'Herne. Paris: Biblio Essais, 1994 [1963].

PULICANI, André. "Chez Gen Paul à Montmartre". *Cahier de l'Herne, Céline*, ed. de L'Herne, Paris: Biblio Essais, 1994 [1963].

REBATET, Lucien. "D'un Céline l'autre". *Cahier de l'Herne, Céline*, ed. de L'Herne. Paris: Biblio Essais, 1994 [1963].

SARTRE, Jean-Paul. "Paris sous l'Occupation". *France Libre*. Londres, 1945.

______. "Présentation des Temps Modernes", octobre 1945b.

______. *Réflexions sur la question juive*. Paris: Gallimard, 1946.

______. *Qu'est-ce que la littérature?* Paris: Gallimard, 1948.

______. "Situation de l'écrivain en 1947". *Qu'est-ce que la Littérature?* Paris: Gallimard, 1948b.

______. *Situations II, Littérature et Engagement*. Paris: Gallimard, 1948c.

______. *Les Mots* [*As palavras*]. Paris: Gallimard, 1964.

______. *Situations III*. Paris: Gallimard, 1976 [1949].

______. *O existencialismo é um humanismo*, 3ª ed. Tradução de Rita Correia Guedes. São Paulo: Nova Cultural, 1987.

______. *Diário de uma guerra estranha*. Rio de Janeiro: Nova Fronteira, 2005.

VITOUX, Frédéric. *La Vie de Céline*. Ed. Grasset et Fasquelle. Folio. Paris: Gallimard, 2005 [1988].

WINOCK, Michael. "Sartre s'est-il toujours trompé?". *L'Histoire*, n.295, février 2005.

Sobre os autores

Marcelo S. Norberto

É professor e pesquisador (CCE/PUC-Rio). Autor de *O drama da ambiguidade – a questão moral em* O ser e o nada (Edições Loyola, 2017), coorganizou os livros *Sartre hoje* (Fi, 2017), *Sartre e a política* (Ed. PUC-Rio e Via Verita, 2019) e *Paradoxos da virtualidade – Sartre e a contemporaneidade* (Fênix, 2021). Atua nas áreas de Filosofia Francesa Contemporânea, Ética e Filosofia Política.

Thana Mara de Souza

É professora do Departamento e Programa de Pós-Graduação em Filosofia da Ufes. Autora de *A liberdade em Sartre* (Almedina, 2019) e *Sartre e a literatura engajada: espelho crítico e consciência infeliz* (Edusp, 2008). Atua nas áreas de Fenomenologia, Filosofia Francesa Contemporânea, Filosofia e Psicanálise e Filosofia e gênero.

Dominique Chateau

É professor emérito da Universidade Paris I Panthéon-Sorbonne e diretor de redação da *Nouvelle Revue d'esthétique* (Presses Universitaires de France). Publicou, especialmente, *Sartre et le cinéma* (Séguier, 2005).

Cristina Diniz Mendonça

Possui graduação em Psicologia e em Filosofia pela USP, mestrado e doutorado em Filosofia pela USP. Foi professora do Departamento de Filosofia da Unesp e pesquisadora convidada do Institut des Textes et Manuscrits Modernes (ITEM) do CNRS, Paris. Autora de estudos na área de Filosofia Francesa Contemporânea, em especial sobre Merleau-Ponty e Sartre, e de artigos com ênfase nos temas: marxismo e filosofia, cultura e sociedade, cultura e política, teoria crítica.

Jean-François Louette

É ex-aluno da École Normale Supérieure (1980), professor na Universidade Paris IV-Sorbonne desde 2005. Publicou *Jean-Paul Sartre* (Hachette, 1993), *Silences de Sartre* (Presses Universitaires du Mirail, 1995; reedição ampliada, 2002), *Sartre contra Nietzsche. Les Mouches, Huis clos, Les Mots* (Presses Universitaires de Grenoble, 1996); *Traces de Sartre* (Ellug, 2009), *Sartre et Beauvoir, roman et philosophie* (La Baconnière, 2019). Para a Bibliothèque de la Pléiade (Gallimard), dirigiu a edição de *Les Mots et autres écrits autobiographiques* (2010).

Baptiste Grasset

É professor do Departamento de Filosofia da Unirio. Doutor em Filosofia pela Université de Nantes. Atua nas áreas de Filosofia Moderna, História da Filosofia e Filosofia Política.